MW00617266

MANUAL DE SUPERVIVENCIA

VOLUMEN 1

ACAMPAR

•

MAPAS Y NAVEGACIÓN

•

NUDOS

•

PELIGROS Y EMERGENCIAS

CONTENIDO

PELIGROS Y EMERGENCIAS

INTRODUCCIÓN

Vivimos en un planeta increíble y deberíamos aprovechar cualquier oportunidad para explorarlo. Yo he vivido aventuras emocionantes en todo el mundo y he visitado lugares impresionantes, desde el desierto más caluroso a la montaña más alta. Cuando salgas a explorar la naturaleza, debes estar bien preparado y mantenerte siempre a salvo. Antes de emprender tu viaje, investiga la zona que vas a visitar. ¿Qué tiempo hace? ¿A qué peligros te podrías enfrentar? Una vez que consigas la mayor cantidad de información posible, elige el equipo que vas a necesitar. Es importante prepararse para situaciones de emergencia. En la naturaleza, estar bien preparado puede suponer la diferencia entre la vida y la muerte. También es fundamental que seas respetuoso con el mundo que nos rodea y que dejes todo como lo encontraste. Explorar el mundo es un gran privilegio, y es nuestra responsabilidad cuidar de nuestro hermoso planeta para que podamos seguir viviendo aventuras durante muchos años.

ACAMPAR

Acampar en la naturaleza puede ser una experiencia fantástica, siempre que estés bien preparado para pasar una noche bajo las estrellas. Una vez que aprendas a empezar una fogata, almacenar la comida en un lugar seguro y construir tu propio refugio, ¡estarás listo para vivir grandes aventuras!

EN ESTA SECCIÓN:

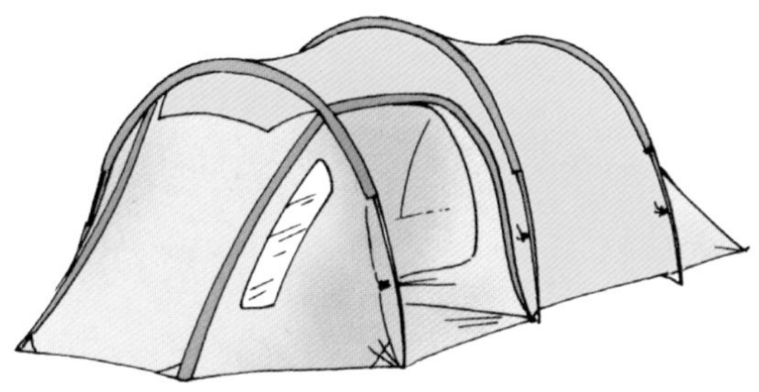

¡VAMOS A ACAMPAR!

¡Acampar con amigos y familiares puede ser una aventura! Un buen campamento te permitirá disfrutar de la naturaleza, a la que siempre debes respetar. También es importante que disfrutes y te diviertas sin ponerte en peligro. Prepara tu viaje con tiempo y vivirás experiencias inolvidables.

Montar el campamento

Siempre que puedas, debes acampar en campamentos que ya existen. Recuerda: los buenos campamentos no se hacen, se encuentran.

averigua de dónde sopla el viento
arma la tienda de campaña en un terreno plano y llano, a una distancia prudencial de cualquier fogata
coloca el inodoro a 500 pies de un lugar donde hay agua

BEAR DICE

Acampar es una manera excelente de disfrutar al máximo del aire libre y la naturaleza.

Lugares que debes evitar

Algunos lugares no son buenos para acampar. ¡Evítalos a toda costa!

Riesgo de inundación

Si llueve, los lugares con riesgo de derrumbes, los barrancos y las llanuras de inundación pueden ser mortales.

Debajo de un árbol

Las ramas, aunque estén en buen estado, pueden caer repentinamente.

Base de acantilado

No acampes en la base de un acantilado o una pendiente rocosa porque podrían caer rocas.

Riesgo de avalancha

Aléjate de las pendientes pronunciadas durante o después de una fuerte tormenta de nieve.

TIENDAS DE CAMPAÑA

Cuando acampas, la tienda de campaña es tu hogar. Te protege del viento, la lluvia, el frío y el sol. Hay muchos tipos de tiendas de campaña.

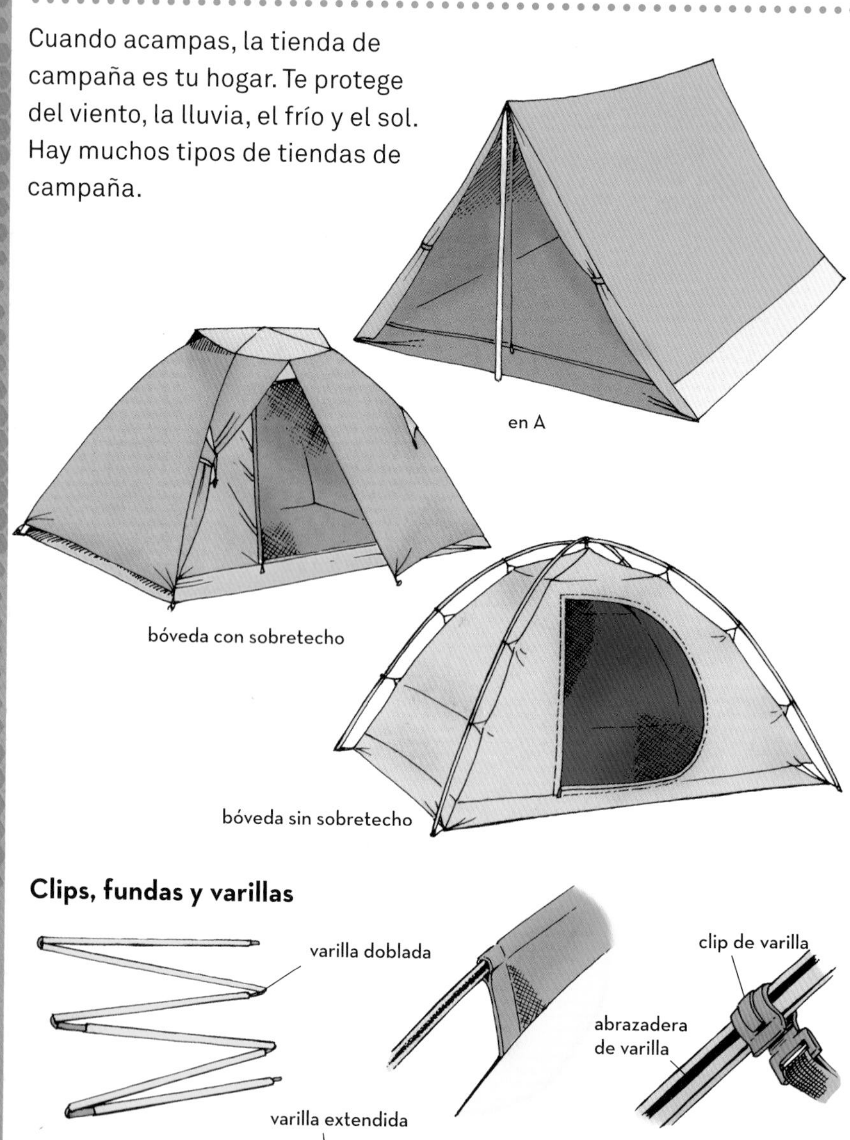

geodésica
dos cabinas
tres cabinas
familiar
automática

Piquetas

Muy pocas tiendas de campaña se mantienen en pie solas y solo si hace buen tiempo. Hay que asegurarlas al suelo con tensores (sogas con tensión) y piquetas.

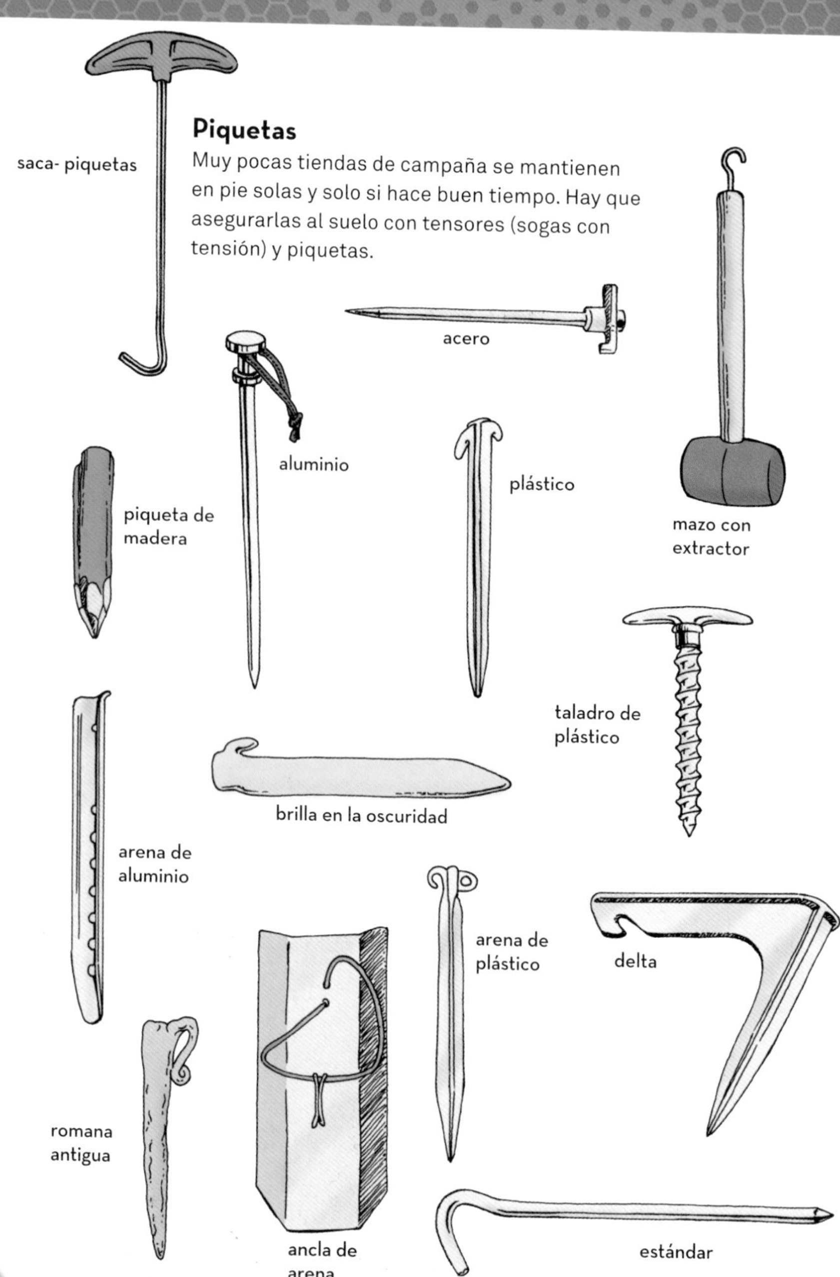

Poner las piquetas

Para estar bien protegido, es importante que la tienda de campaña sea estable y no se desarme.

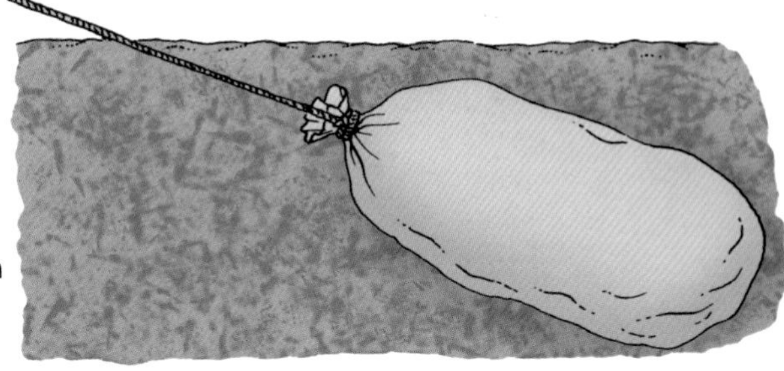

Favorito de montaña

Un saco de dormir lleno de nieve y enterrado en el suelo es un buen anclaje.

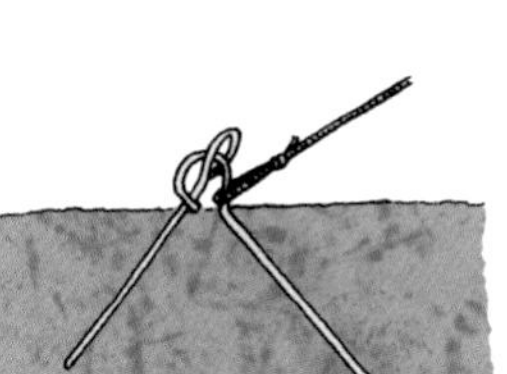

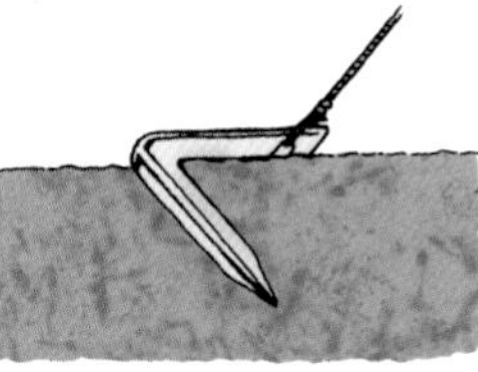

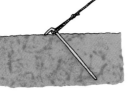

Estándar

La soga está a 90 grados de la piqueta.

Superestable

Para tener más estabilidad, usa dos piquetas.

Delta

Estas piquetas son muy fuertes y resistentes.

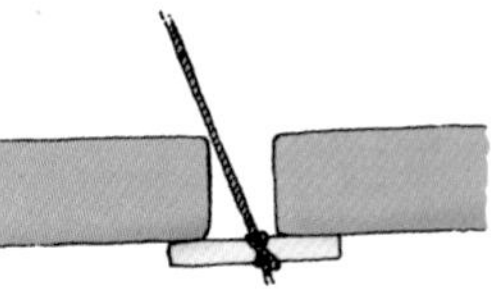

Apoyo

Si no consigues hundir mucho la piqueta en la tierra, asegúrala con una roca pesada.

Rocas

Asegura las líneas con una pila de rocas.

Hielo

Puedes poner una piqueta en un agujero en el hielo.

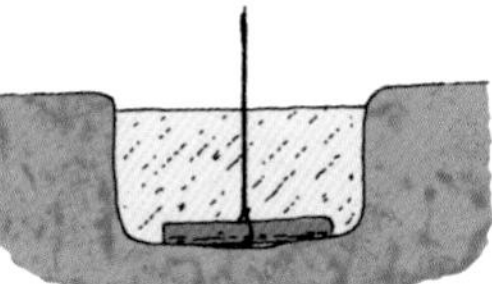

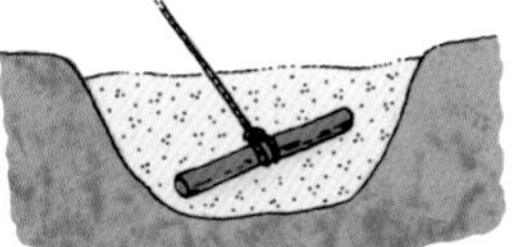

Arena del desierto

Con una piqueta enterrada en la arena tienes un buen anclaje.

Enterrar en el hielo

La piqueta se congela en el hielo y sujeta bien.

Paracaídas

Coloca objetos pesados en un ancla tipo paracaídas y entiérrala.

Qué hacer en caso de gotera

Estos trucos sencillos pueden sacarte de un problema si el tiempo es húmedo o se acerca una tormenta.

Zanja de agua

La zanja puede evitar que se inunde tu tienda de campaña.

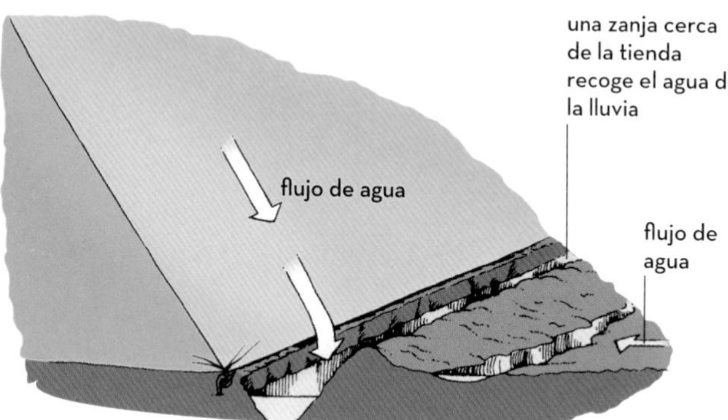

Cable de goteo interior

Esta solución a corto plazo permite que el agua gotee en un recipiente en lugar de tu saco de dormir.

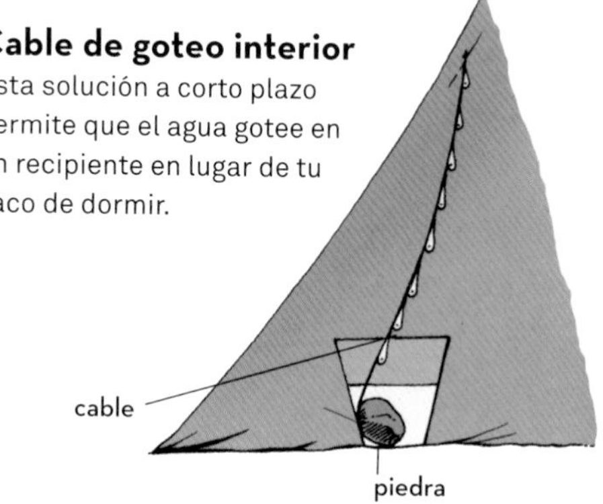

Cable exterior

Procura que no caiga agua sobre el punto de anclaje de tu tienda o en la lona.

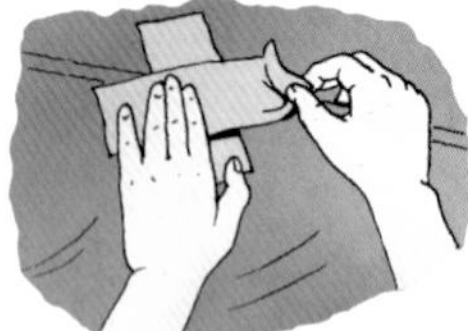

Cinta americana

Para tapar agujeros o fisuras.

Parche para agujero

Hay kits de parches para sellar los agujeros de las goteras.

Sellador de costuras

Usa un sellador para las goteras en las costuras.

OTROS REFUGIOS

Hay muchos tipos de refugios, como las lonas o los iglús, que pueden ser una alternativa mejor a la tienda de campaña.

Lonas impermeables

Aquí tienes ideas para convertir una lona impermeable en un refugio.

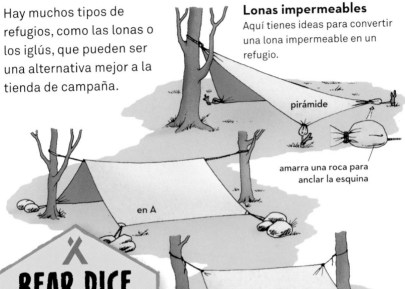

pirámide

amarra una roca para anclar la esquina

en A

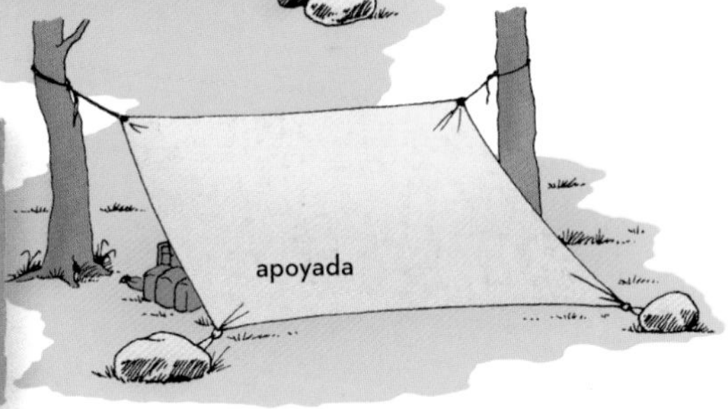

apoyada

BEAR DICE

El tensor mantiene la tensión de la soga. Son herramientas simples pero importantes. ¡Yo nunca acampo sin ellas!

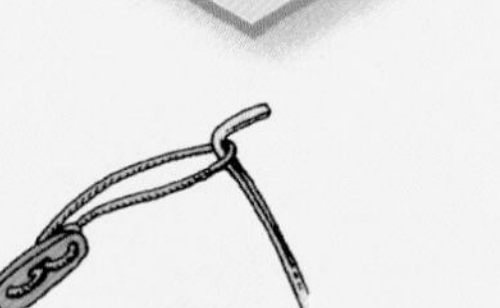

Línea plástica

Con un pequeño tirón, el tensor aprieta la soga de tensión.

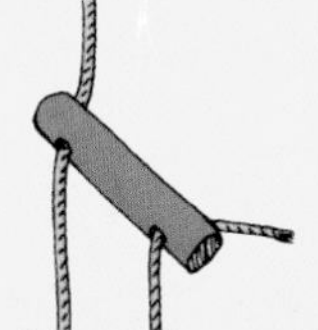

Línea de madera

Una pieza de madera con dos agujeros mantiene las sogas de sujeción en su sitio.

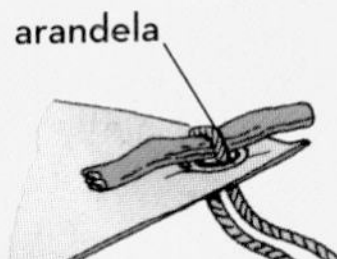

Ancla con palo

Este sencillo método evita el desgaste de los ojales en las esquinas de la lona.

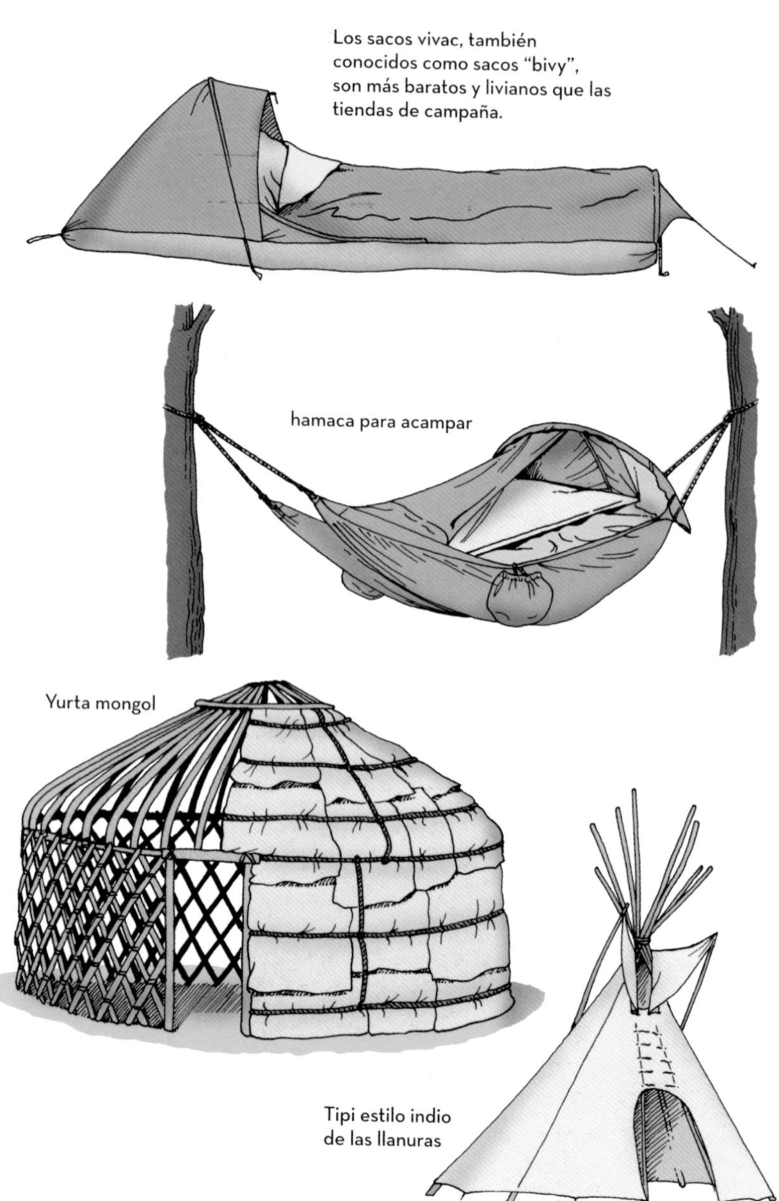
Los sacos vivac, también
conocidos como sacos "bivy",
son más baratos y livianos que las
tiendas de campaña.
hamaca para acampar
Yurta mongol
Tipi estilo indio
de las llanuras

Cueva en la nieve

Con experiencia, una pala y la ayuda de un amigo, puedes construir una cueva en la nieve en un par de horas. Podría salvarte la vida, pero es importante que siempre haya un buen flujo de aire fresco para evitar el envenenamiento por el gas monóxido de carbono.

agujero de ventilación
pon esquís u otro equipo para indicar tu localización

Iglú

Este invento inuit es un buen refugio en lugares muy fríos.

BEAR DICE

La nieve es un gran aislante en condiciones de congelación. Una vez que hayas hecho tu refugio, sella la entrada con bloques de nieve.

Cómo hacer un iglú

1 Marca un círculo en la nieve de unos 7 pies de ancho.

2 Aplasta la nieve del círculo hasta que tengas una superficie sólida.

1. Para hacer un bloque de nieve, primero corta dos líneas paralelas.
sierra de nieve
3. Por últim
haz un cort
vertical.
2. Después haz un corte horizontal.

3 Con una sierra de nieve, corta bloques de nieve compacta y dura. La nieve dura suele estar debajo de la nieve blanda.

5 Corta una rampa en los bloques de nieve en mitad del círculo.

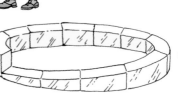

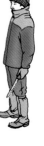

4 Pon los primeros bloques en un círculo.

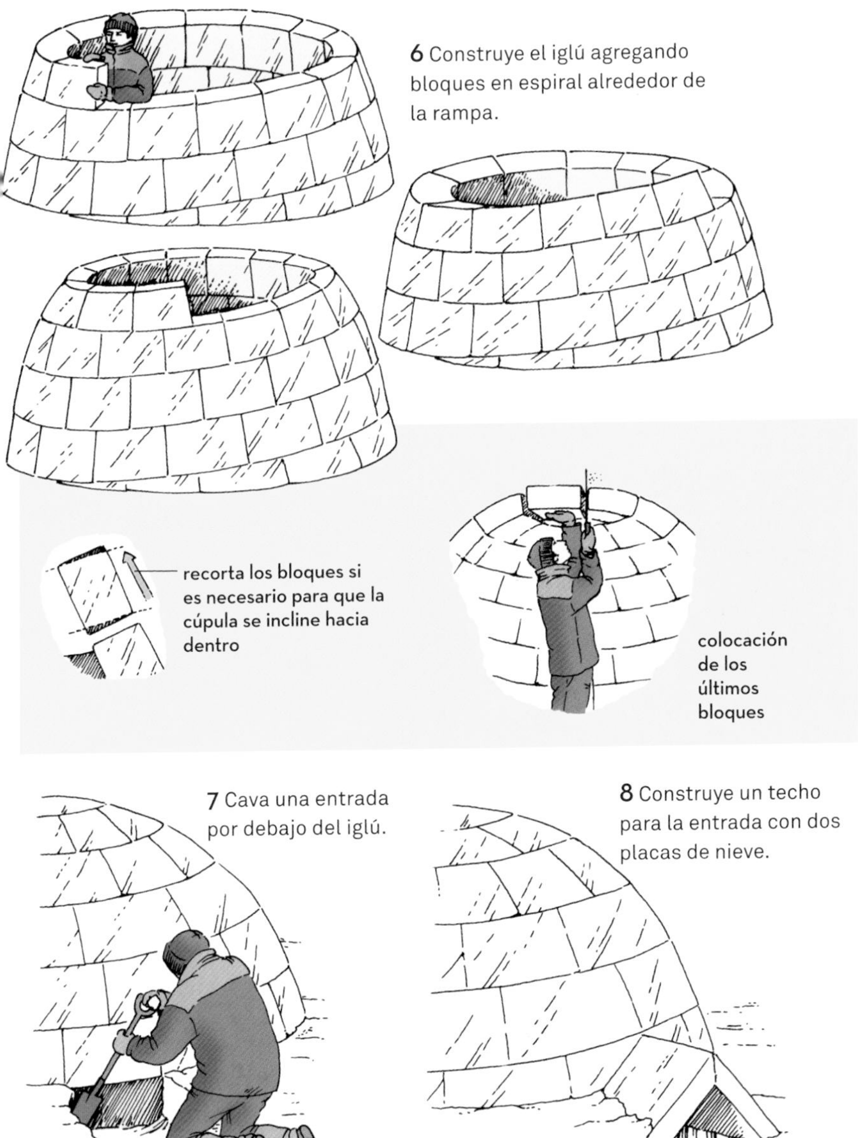
recorta los bloques si es necesario para que la cúpula se incline hacia dentro
colocación de los últimos bloques

6 Construye el iglú agregando bloques en espiral alrededor de la rampa.

7 Cava una entrada por debajo del iglú.

8 Construye un techo para la entrada con dos placas de nieve.

Cómo hacer un quinzee

Un quinzee es un montón de nieve que está hueco por dentro.

1 Pon mochilas y cualquier otro objeto voluminoso y cúbrelos con una lona.

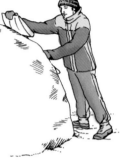

2 Haz un pequeña montaña de nieve encima de las mochilas.

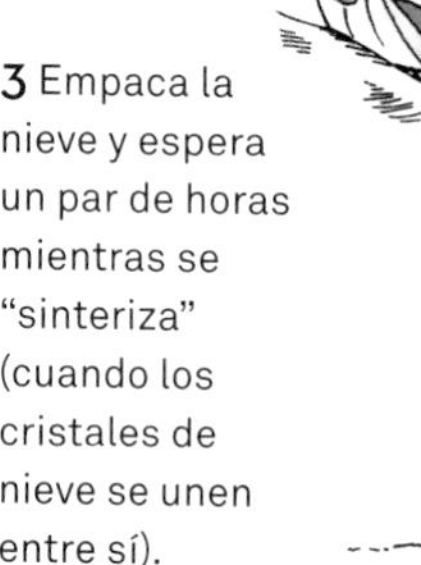

3 Empaca la nieve y espera un par de horas mientras se "sinteriza" (cuando los cristales de nieve se unen entre sí).

4 Mete palos del mismo largo por fuera del montón de nieve.

5 Excava la nieve. Guíate por los extremos de los palos para no cavar demasiado.

6 Aísla la base con lonas o colchones para dormir y ponte cómodo.

DORMIR CÓMODO

Si usas un colchón para dormir estarás mucho más cómodo y te mantendrás más caliente que si duermes directamente sobre el suelo.

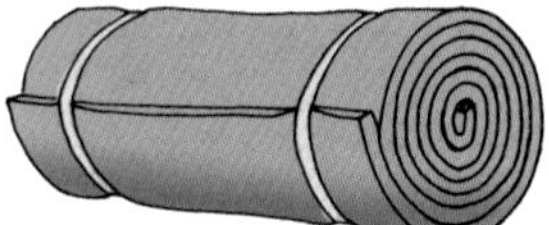

colchón de espuma

colchón de espuma con tiras elásticas

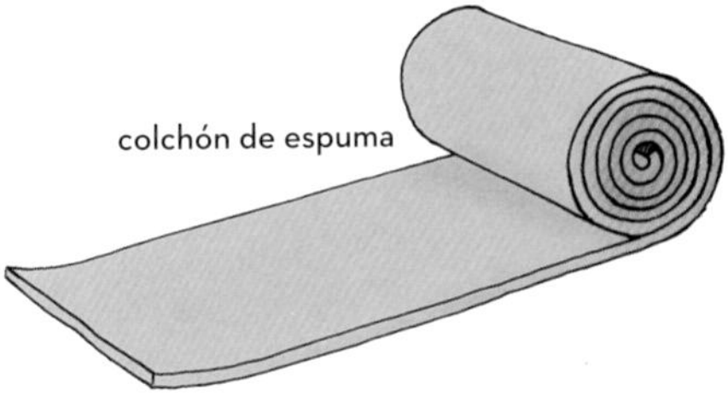

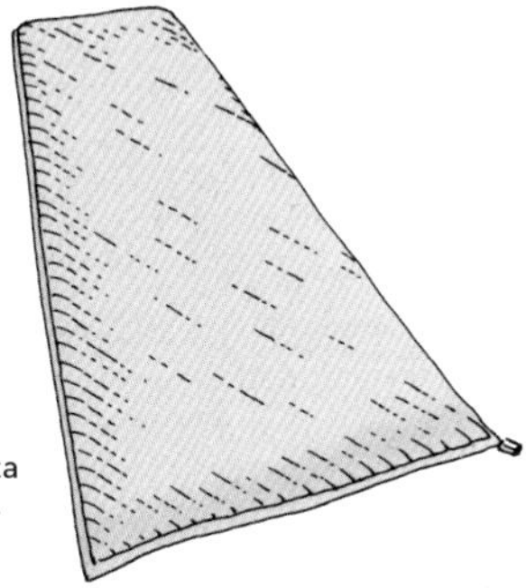

espuma de celda abierta autoinflable

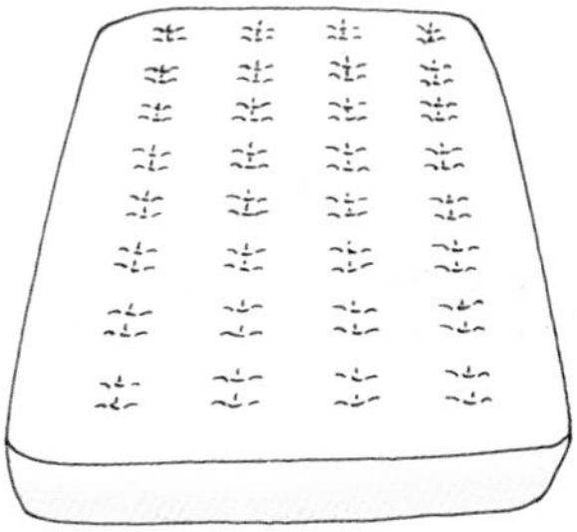

cama de aire doble

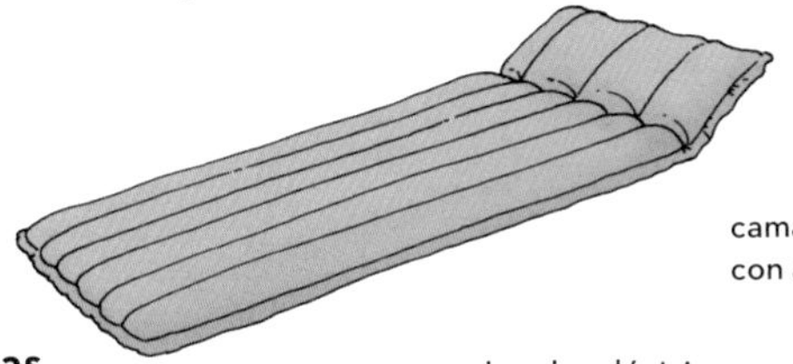

cama de aire individual con almohada de aire

Bombas

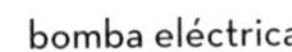

bomba eléctrica

bomba de mano

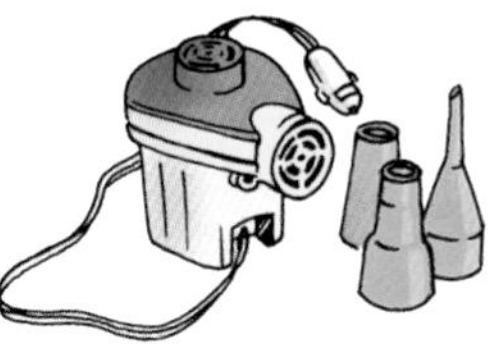

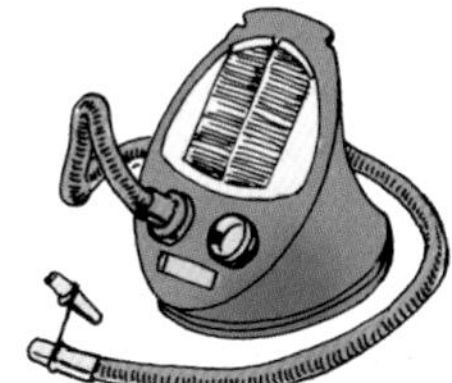

bomba de pie (con fuelle)

SACOS DE DORMIR

Para pasar una buena noche en medio de la naturaleza es fundamental tener un saco de dormir de buena calidad.

BEAR DICE

¡Los sacos de dormir son muy importantes! Asegúrate de que tu saco es el indicado para la temperatura que vaya a hacer por la noche.

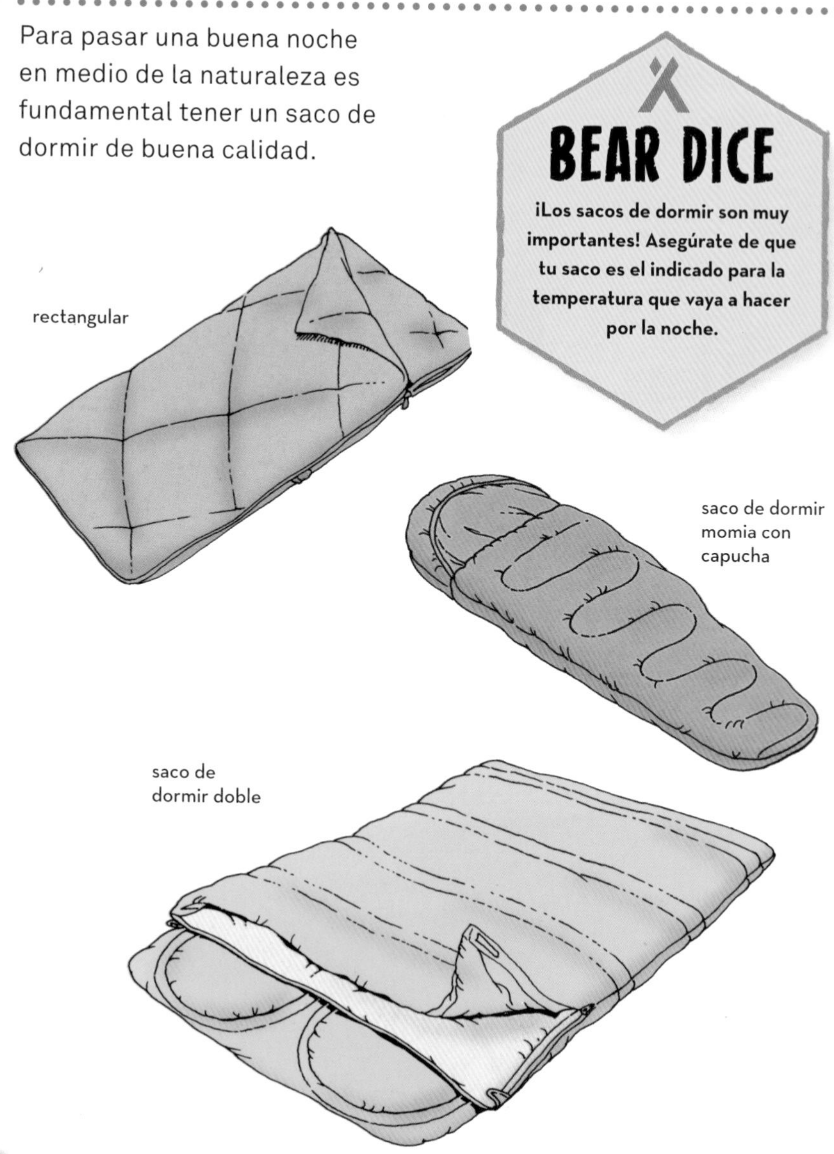

saco de compresión

bolsa de saco

Relleno de los sacos de dormir

El saco de dormir tiene un forro y una capa exterior. Entre ambas capas hay distintos tipos de relleno. El saco abriga más o menos dependiendo de cómo esté metido el relleno. Los sacos rellenos de plumón suelen tener unos bolsillos llamados deflectores que evitan que se amontonen las plumas.

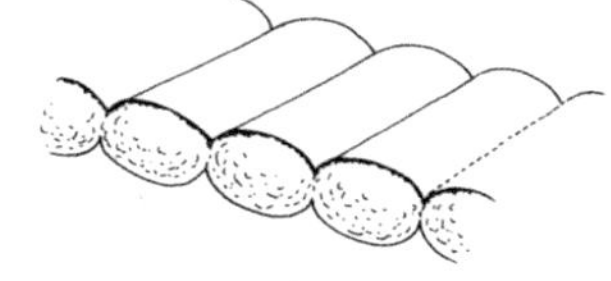

cosido con la cubierta exterior

saco con capas dobles escalonadas

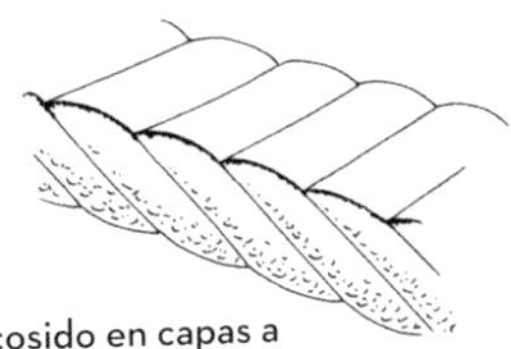

cosido en capas a modo de tejas

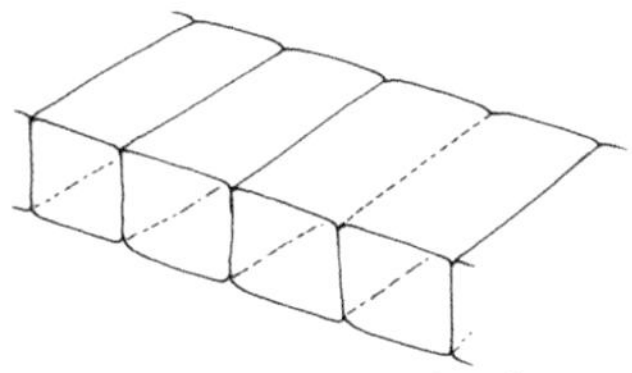

deflector en forma de caja

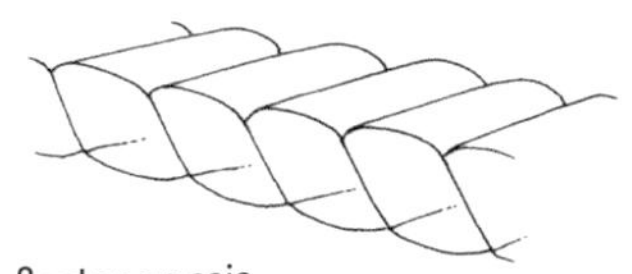

deflector en caja inclinada

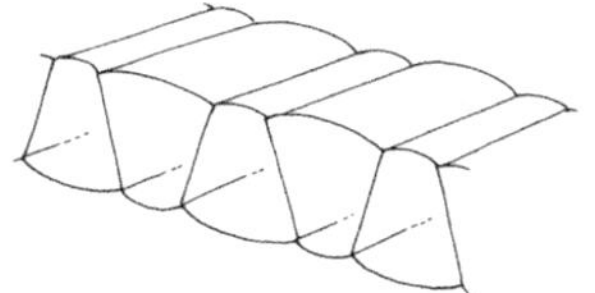

deflector trapezoidal

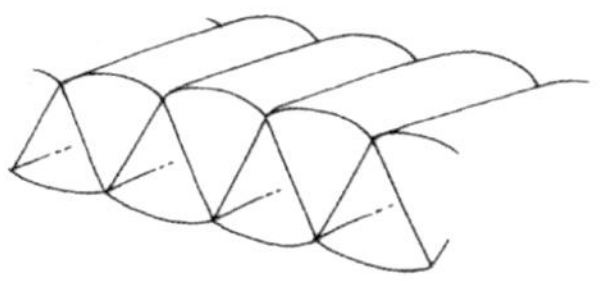

deflector en tubo V

NAVAJAS Y CUCHILLOS

Para acampar es esencial tener un buen cuchillo afilado, pero solo si lo usa un adulto con precaución y cuidado.

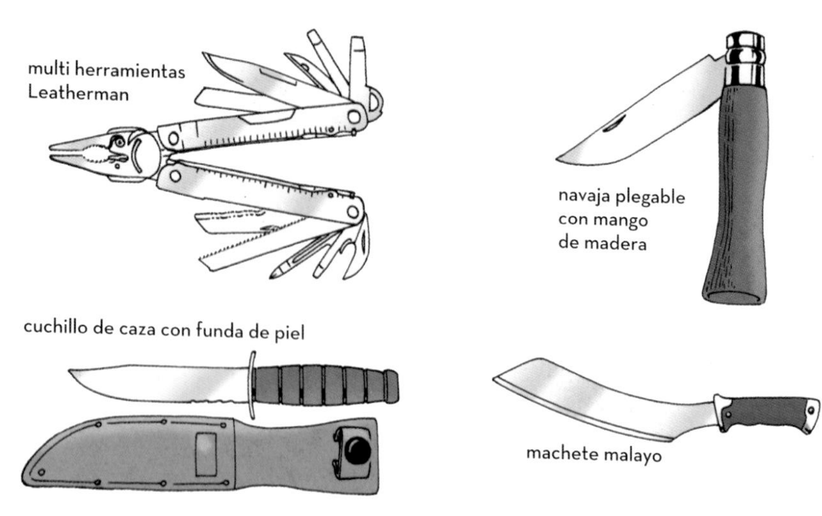

Cuchillo de supervivencia

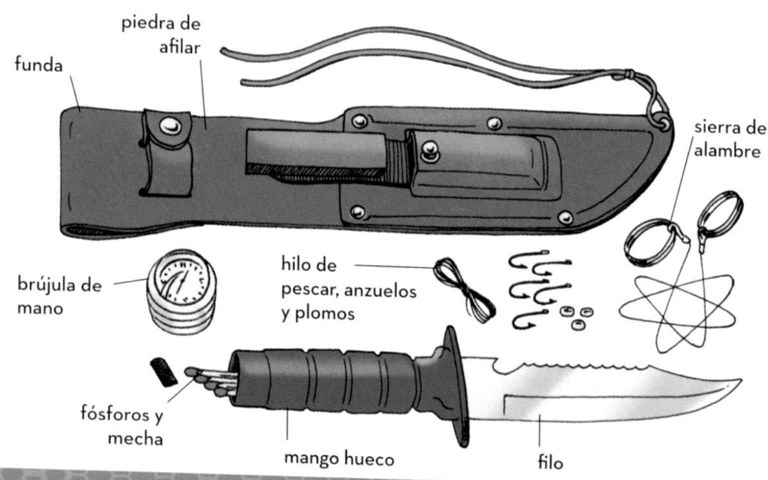

BEAR DICE

Las navajas pueden ser fijas o tener varias hojas además de otras herramientas.

Partes de un cuchillo de caza

Afilar un cuchillo

Para afilar un cuchillo, se pasa la cuchilla sobre una superficie dura y áspera.

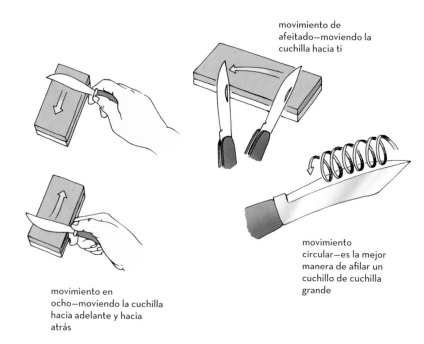

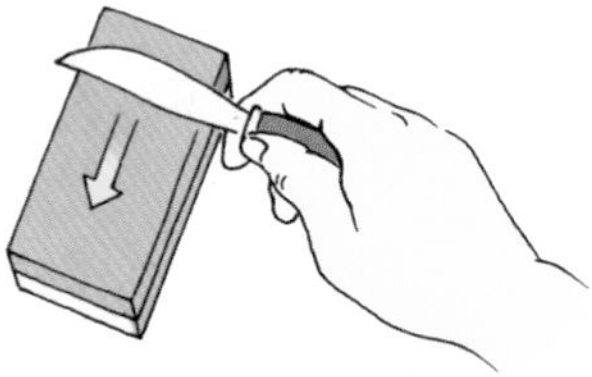

movimiento de afeitado—moviendo la cuchilla hacia ti

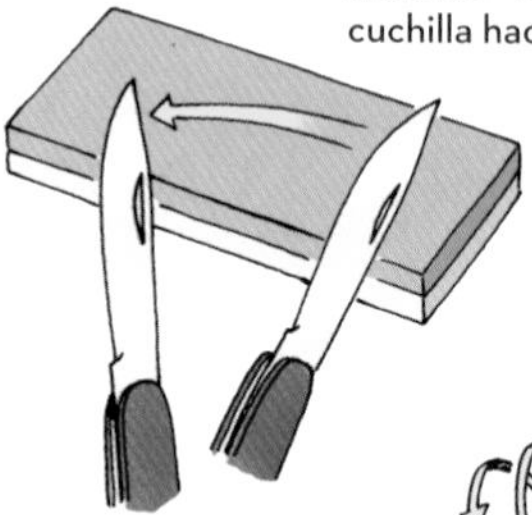

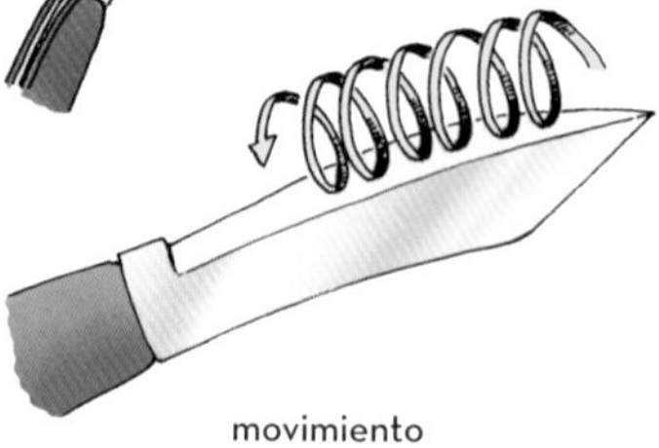

movimiento circular—es la mejor manera de afilar un cuchillo de cuchilla grande

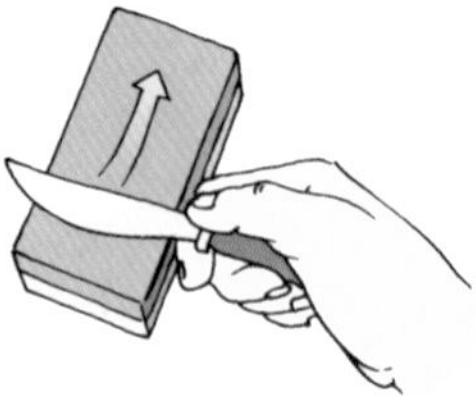

movimiento en ocho—moviendo la cuchilla hacia adelante y hacia atrás

Herramientas útiles

Picar

Para picar solo se deben usar cuchillos grandes.

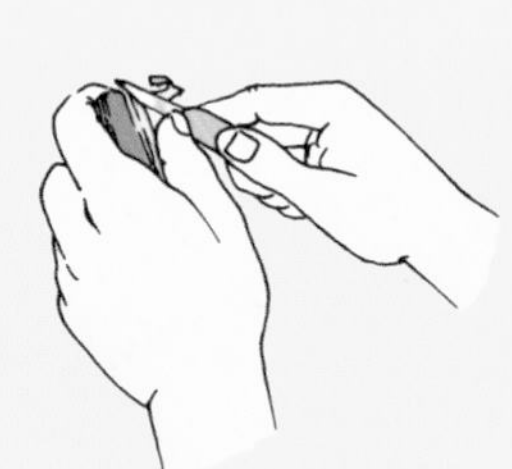

Cortar

Usa un cuchillo pequeño para hacer cortes finos.

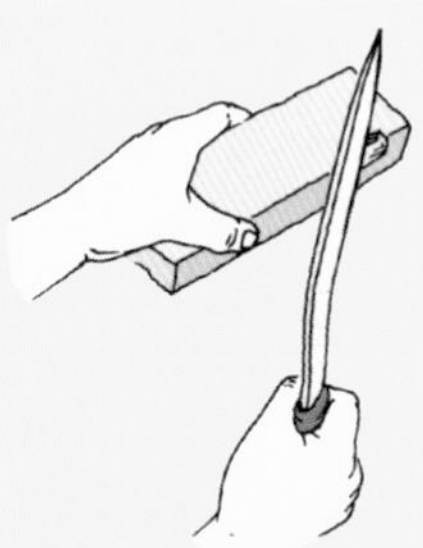

Tallar

Para tallar, haz cortes poco profundos en el sentido del grano de la madera.

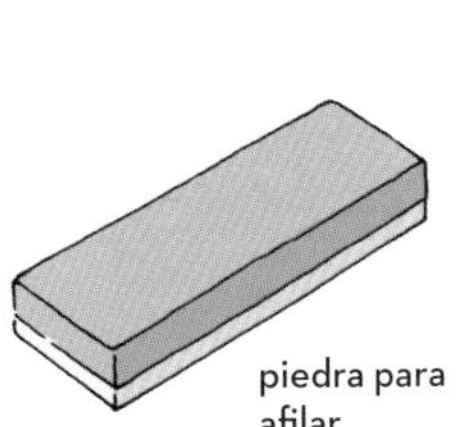

aceite de bruñido

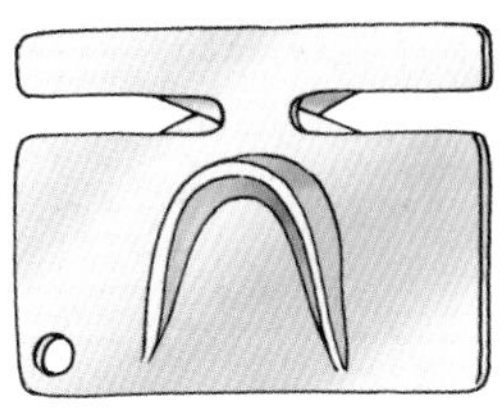

herramienta para afilar

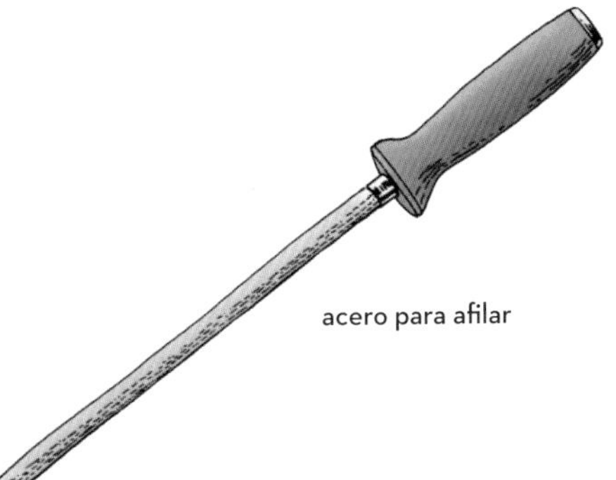

BEAR DICE

Los cuchillos son herramientas muy útiles pero requieren gran cantidad de cuidados especiales.

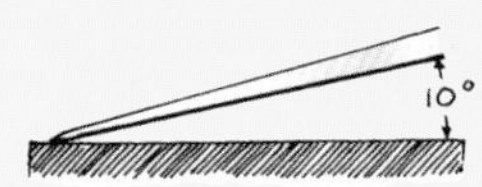

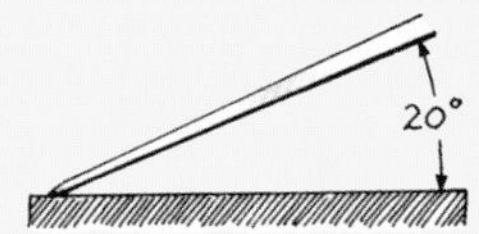

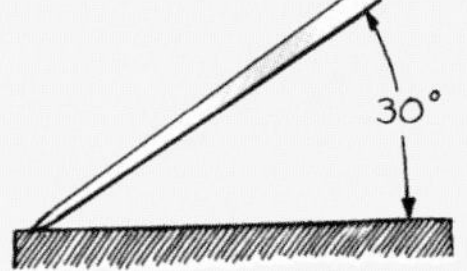

10 grados

Para hacer trabajos pequeños y delicados, como filetear y afeitar. Deja de estar afilado con bastante rapidez.

20 grados

Es un buen ángulo para el uso diario. Para calcularlo, imagina la mitad de 90 grados y después la mitad de eso.

30 grados

La cuchilla no queda muy afilada pero es un ángulo duradero y útil para trabajos pesados, como cortar madera.

INODOROS Y DUCHAS

Para que tanto tú como el medio ambiente estén sanos, es importante cuidar la higiene y lavarse. Hay distintas opciones de inodoros al aire libre según las necesidades. Asegúrate de poner el inodoro lejos de fuentes de agua y de senderos.

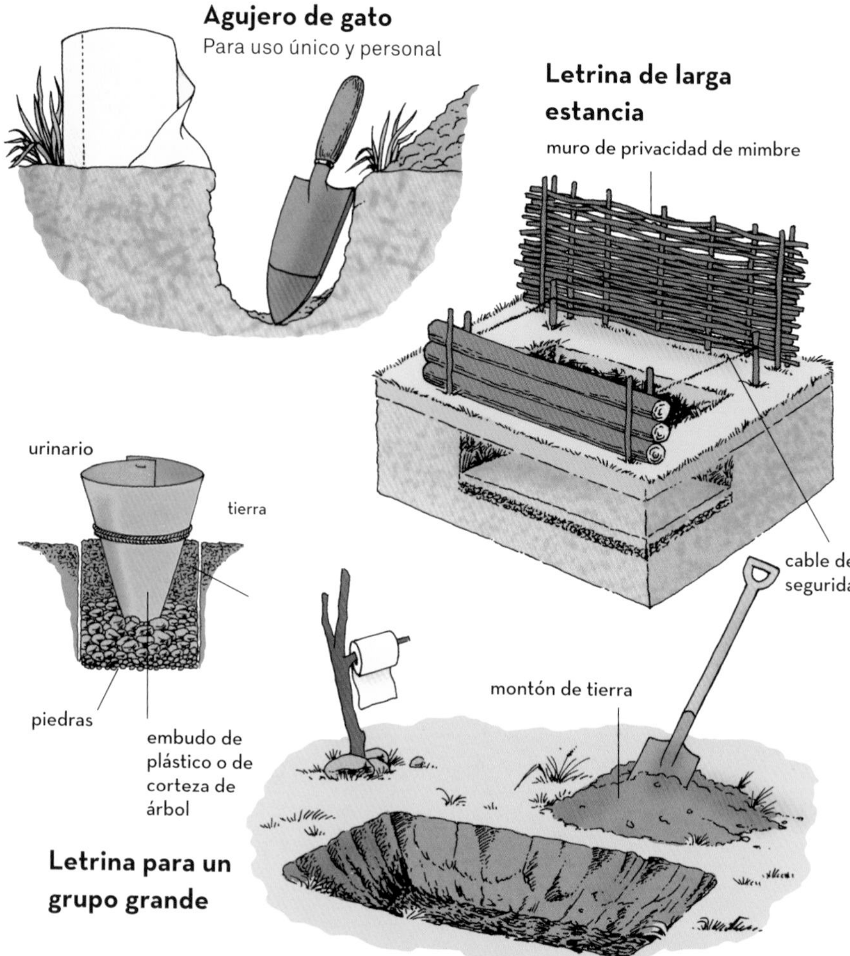

Limpieza

jabón

jabón de manos

toallitas antibacterianas

Usar una ducha solar

1 Llena la bolsa de la ducha con agua y ponla al sol. Si el día es fresco o nublado, hazlo por la mañana para el agua esté templada por la tarde.

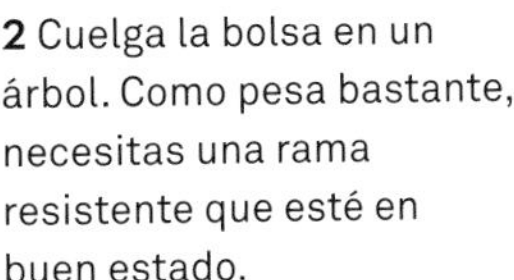

2 Cuelga la bolsa en un árbol. Como pesa bastante, necesitas una rama resistente que esté en buen estado.

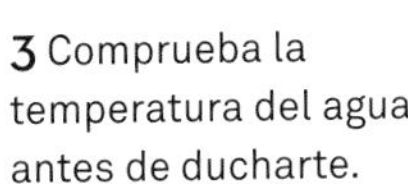

3 Comprueba la temperatura del agua antes de ducharte.

BEAR DICE

Estar limpio no parece que sea algo obvio en la supervivencia, pero si no lo haces, pones tu salud en peligro y aumentas el riesgo de infecciones.

pon una toalla a modo de cortina para tener privacidad

ESCONDITES DE COMIDA

Tus provisiones de alimentos son valiosas y no quieres compartirlas con los animales salvajes. Hay lugares donde los osos hambrientos buscan comida.

Escondites para osos

Escondite tradicional

Estas pequeñas cabañas de troncos están por encima del suelo. Todavía se usan en los bosques de América del Norte.

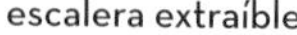

Escondite de campamento

Estos gabinetes a prueba de osos suelen usarse en los campamentos donde podría haber osos.

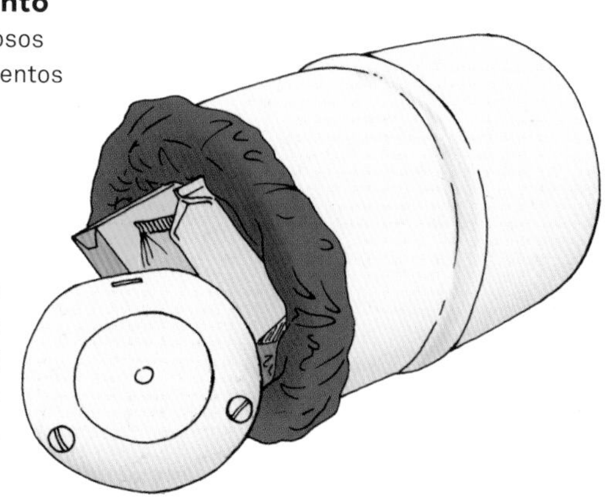

Lata a prueba de osos

Estos recipientes son resistentes y tienen capacidad para una semana de comida de un excursionista promedio.

Cómo colgar un saco en una línea a prueba de osos

1 Busca dos árboles que estén a unos 15 pies de distancia. Lanza la soga por encima de una rama.

amarra el saco de comida a la línea

2 Amarra la soga al tronco del árbol y después, lánzala por encima de una rama del otro árbol.

3 Después, hala de la soga hasta que el saco suba unos 12 pies por encima del suelo.

4 Amarra el otro extremo de la soga al tronco del segundo árbol. Tu comida ya está a salvo.

BEAR DICE

Los osos tienen un gran sentido del olfato y saben reconocer los recipientes de comida.

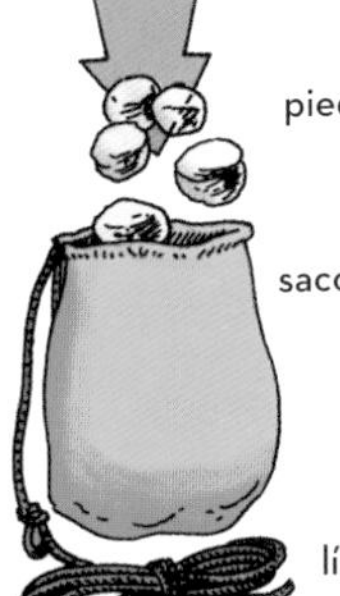
piedras
saco
línea

Saco

Para preparar el saco, llénalo de rocas y ciérralo con el cordón.

NUTRICIÓN

Comer bien es fundamental para tener una buena salud, sobre todo si estás activo al aire libre. Asegúrate de beber agua y tener una dieta equilibrada con alimentos variados, vitaminas y minerales.

Agua

La sustancia más vital del cuerpo es el agua. Constituye más de la mitad del peso corporal de una persona y su función es tan importante que incluso unos pocos días sin agua podrían ser fatales.

BEAR DICE

Cuando estás activo, necesitas comer y beber más de lo habitual. Mantente siempre hidratado, sobre todo si el tiempo es caluroso.

Micronutrientes

Los micronutrientes son vitaminas y minerales esenciales para muchas funciones corporales. Se necesitan en cantidades muy pequeñas. Como ejemplos están la sal, las vitaminas y los minerales que se encuentran en los vegetales con hojas, las frutas y los suplementos vitamínicos.

Carbohidratos

Los carbohidratos son la principal fuente de energía del cuerpo. Se encuentran en el pan, la pasta, el arroz, las papas, la fruta y los dulces.

Grasas

Las grasas son esenciales para procesar algunas vitaminas y promover la función celular. Además son una buena fuente de energía.

Proteínas

Las proteínas almacenan, mantienen y reemplazan los tejidos del cuerpo. Son esenciales para el crecimiento muscular y la salud del sistema inmune.

Comer sano

Esta gráfica muestra una dieta saludable. Debes comer más frutas y verduras que cualquier otro grupo de alimentos. Reduce el tamaño de las porciones, las grasas adicionales y los alimentos con alto contenido en azúcar y sal.

COMER EN LA NATURALEZA

Una dieta saludable es esencial cuando se disfruta del aire libre. Al planificar tu viaje, elije alimentos sanos, sabrosos, livianos y que no necesiten refrigeración.

Combustible

Si vas a hacer una gran caminata, tu cuerpo necesitará más comida de lo normal. Estos alimentos fáciles de digerir y ricos en energía te mantendrán activos durante horas.

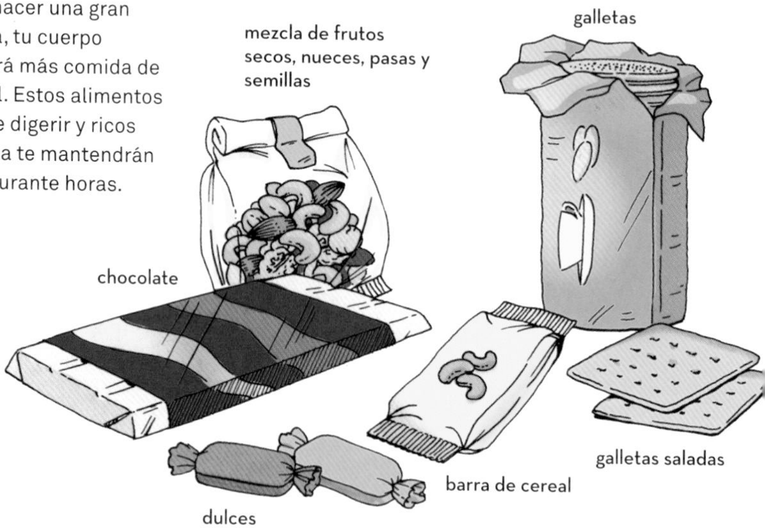

mezcla de frutos secos, nueces, pasas y semillas
galletas
chocolate
galletas saladas
barra de cereal
dulces

Desayuno

cereal
avena
leche en polvo
leche pasteurizada
huevos
fruta
té y café
tocino
bagels
pan plano

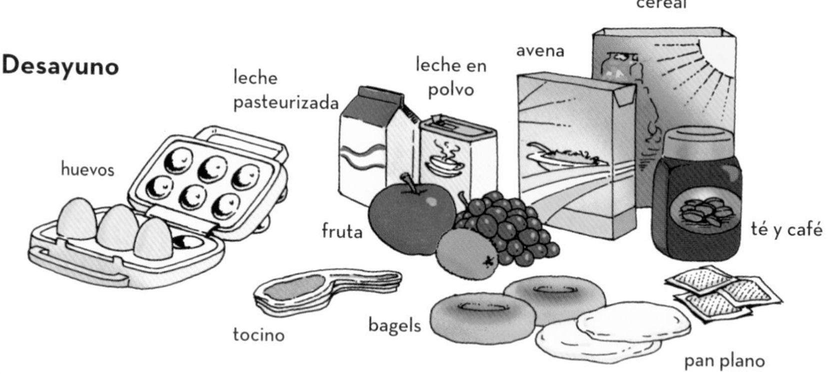

Almuerzo

pan
queso
galletas saladas
salami
bebida de frutas en polvo
sardinas
bizcocho de frutas
fruta
gelatina
ensalada y verduras

Cena

mezcla de sopa
arroz
pasta
papa
frijoles
té y café
cuscús
hierbas y especias
queso
pasta de tomate
salami
verduras

Postre

bizcochos o muffin
chocolate
chocolate caliente
malvaviscos tostados
manzana o albaricoque con crema pastelera

HACER FUEGO

Los humanos llevan haciendo fuego y cocinando con fuego desde hace miles de años. Aprender a hacer fuego es una destreza importante que te permitirá mantenerte en calor y cocinar cuando acampes al aire libre.

Triángulo de fuego

Para hacer fuego hacen falta tres elementos: oxígeno, combustible y calor. Tienes que usarlos en el orden correcto para empezar un fuego. Si eliminas uno o más elementos, el fuego se apaga.

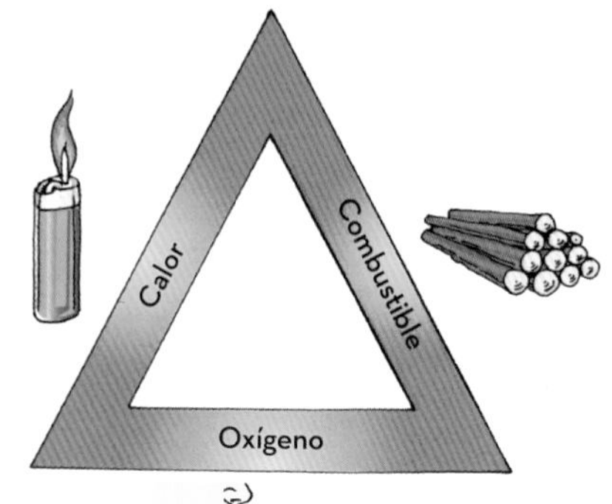

Yesca

La yesca es un material inflamable que arde fácilmente con una chispa.

Corteza
Busca la corteza interior seca de los troncos muertos.

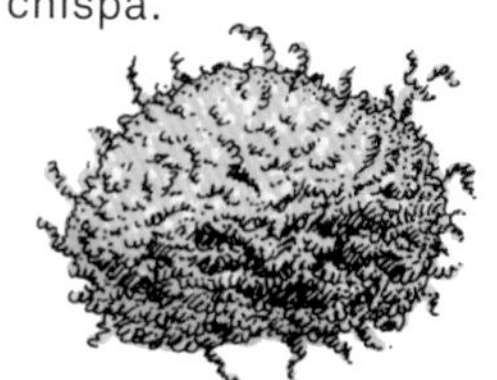

Musgo
El musgo seco es excelente para comenzar un fuego.

Pasto
Rompe los tallos del pasto seco para hacer fibras.

Hongos
La carne interior del hongo yesquero es inflamable.

Bola de algodón y vaselina
Una mezcla muy inflamable.

Hojas
Es fácil encontrar hojas secas.

Partes de un fuego

yesca

ramas

combustible pequeño

combustible principal

combustible grande

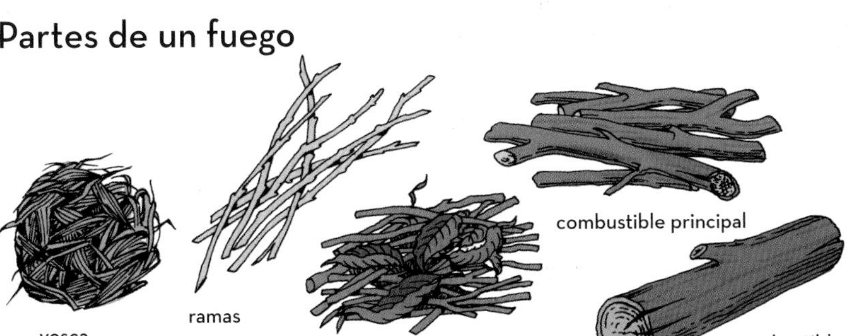

Preparación

Un buen fuego se construye gradualmente. Comienza prendiendo la yesca. Una vez que la yesca empieza a arder, agrega leña: ramitas secas y palos no más gruesos que tu dedo meñique. A medida que se crean las brasas, agrega lentamente trozos de combustible más grandes.

Estructuras para empezar

tipi

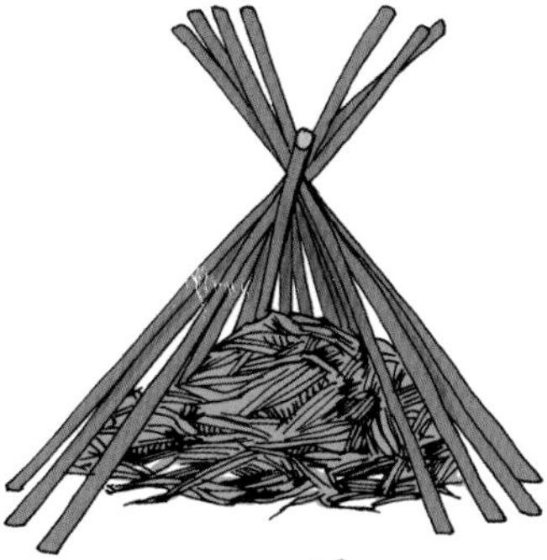

apoyado

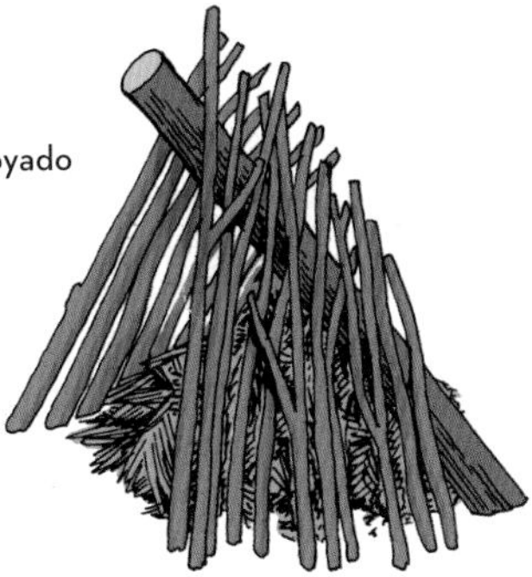

cabaña de troncos

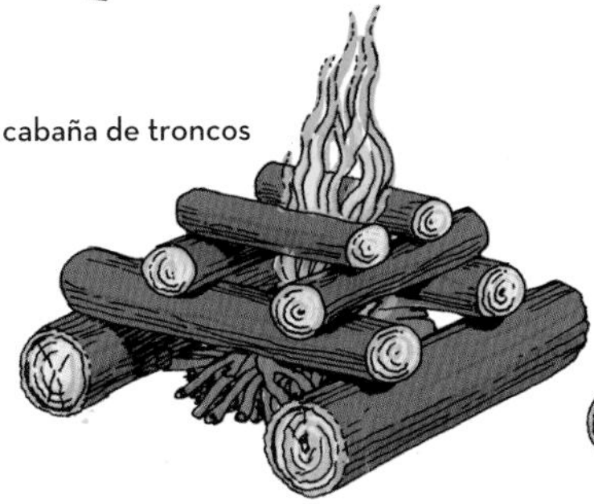

en A

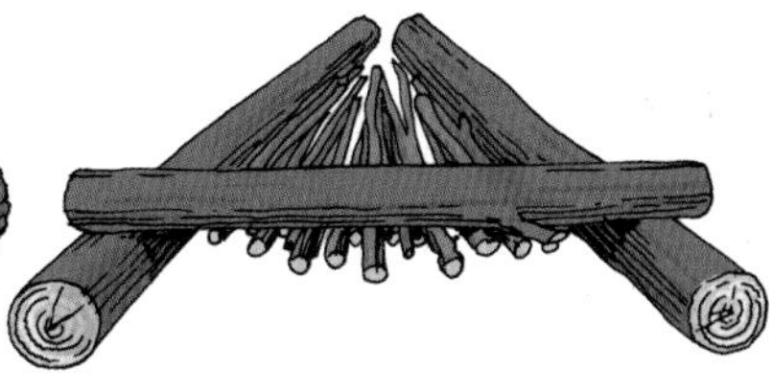

EMPEZAR UN FUEGO

Empezar un fuego es una tarea sencilla desde que se inventaron los fósforos y los encendedores. Sin embargo, si no tienes estas herramientas, hay otras maneras de conseguir una chispa.

BEAR DICE

Con un pedernal puedes empezar un fuego aunque esté mojado, con lo que es una herramienta increíblemente útil.

Fuentes de calor

encendedor

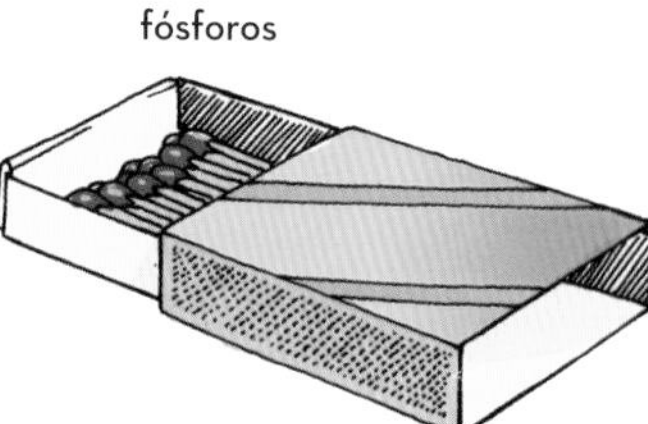
fósforos

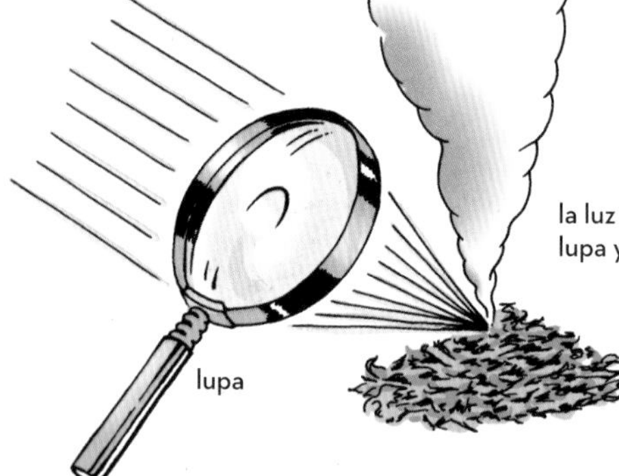
la luz del sol pasa por la lupa y prende la yesca
lupa

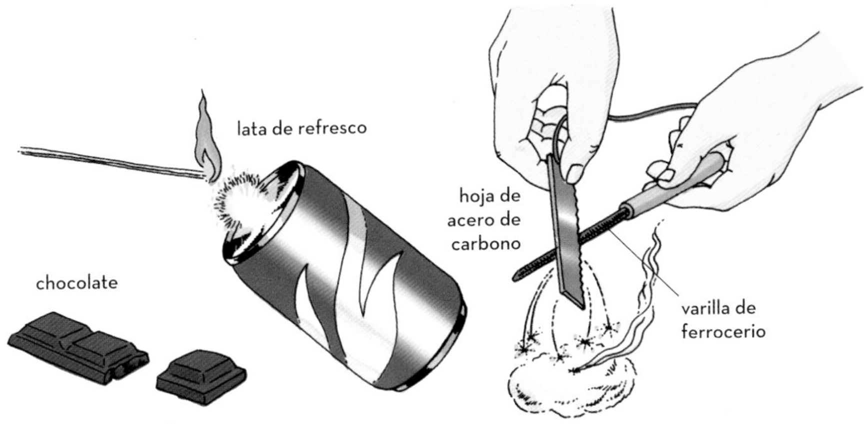

Lata parabólica

Frota la base de una lata con chocolate o pasta de dientes hasta que parezca un espejo y sea altamente reflectante (esto puede tomar varias horas).

Pedernal y acero

En los kits para empezar fuegos, el "pedernal" está hecho de una aleación de metal llamada ferrocerio. Cuando se golpea con el acero, salen chispas.

Método de la pila

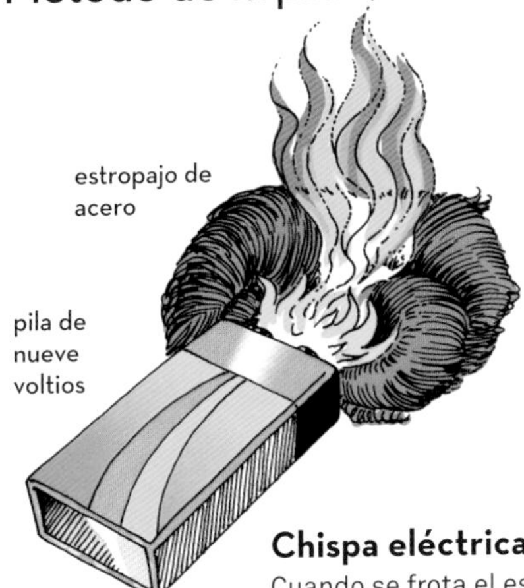

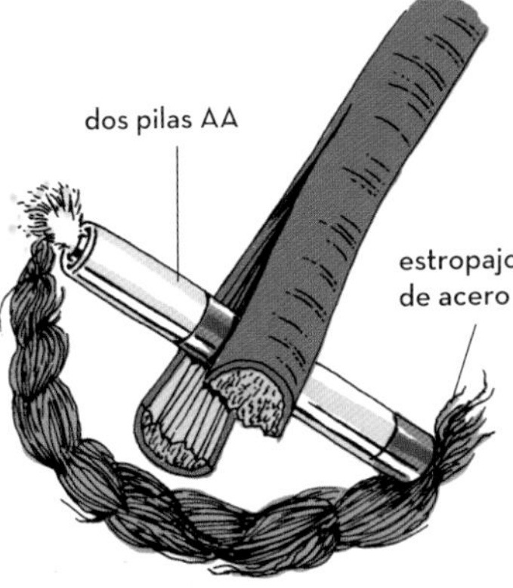

Chispa eléctrica

Cuando se frota el estropajo de acero en los contactos de una pila, brilla y empieza a arder. Para este método es mejor una pila de nueve voltios, pero se puede hacer con cualquier pila, incluso con la batería de un teléfono celular.

Bloque de magnesio para hacer fuego

Estos kits para empezar un fuego consisten en un percutor de acero y un bloque de magnesio con una varilla de ferrocerio en un lado. Son pequeños, livianos y efectivos en condiciones de humedad.

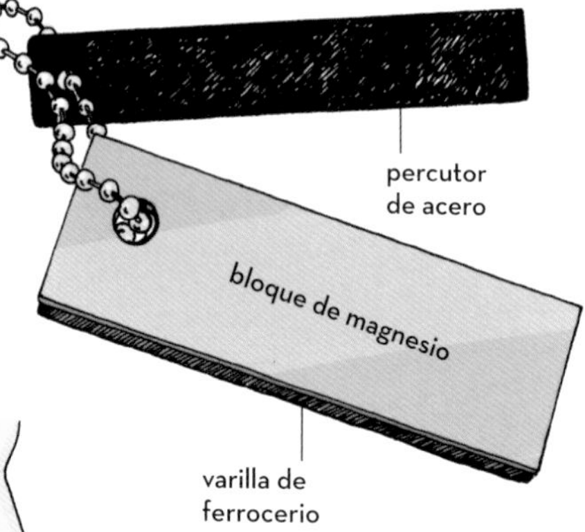

1 Raspa virutas del bloque de magnesio con una cuchilla. Las virutas son muy livianas, así que procura que no salgan volando con el viento.

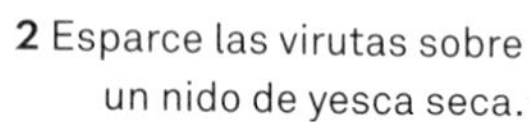

2 Esparce las virutas sobre un nido de yesca seca.

3 Raspa la varilla de ferrocerio con el percutor de acero o con una cuchilla. Las chipas harán que se prendan las virutas de magnesio y se quemen intensamente, creando con una llama blanca durante unos segundos, lo suficiente para que arda la yesca.

Taladro de mano

Un taladro de mano consiste en un palo de madera blanda y una tabla. Haz girar el palo manteniendo una presión constante para hacer fricción.

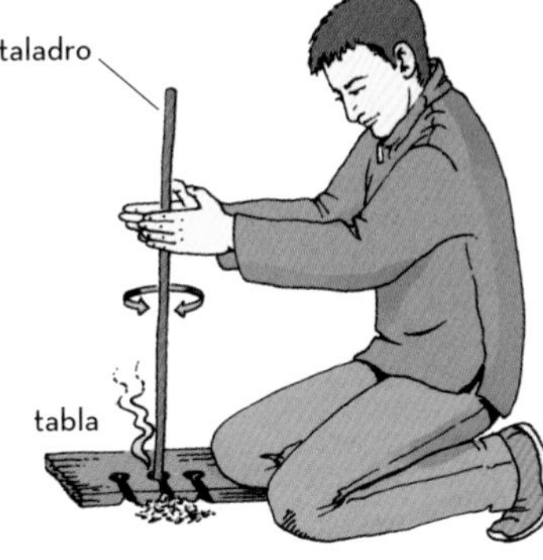

Pistón de fuego

Este invento antiguo viene del sudeste de Asia y del Pacífico. Al presionar rápidamente el pistón sobre el cilindro se enciende una chispa en la yesca.

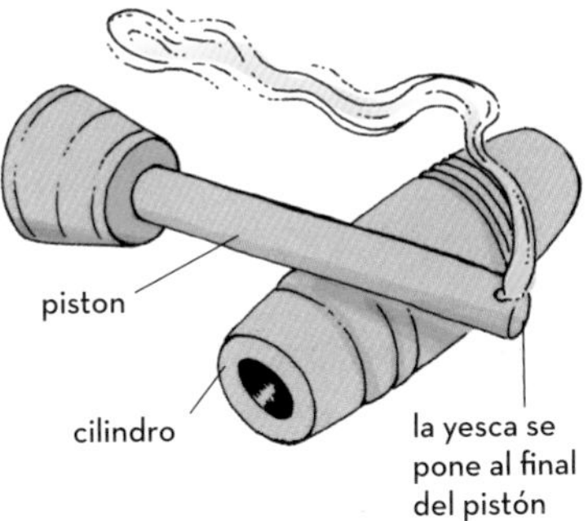

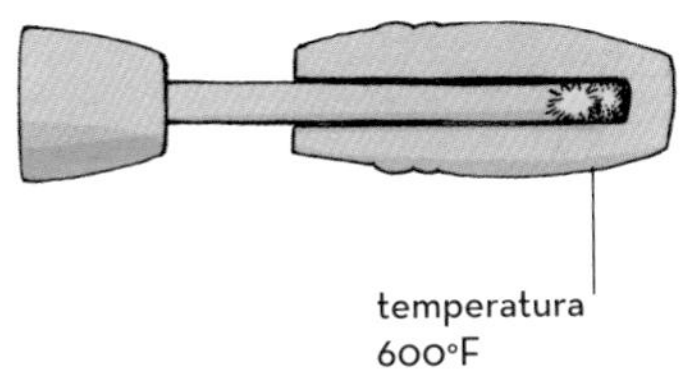

Arado de fuego

Haz una ranura recta a lo largo de una tabla de madera blanda. Desliza por la ranura, hacia adelante y atrás, la punta de una vara de madera dura. Con la fricción, se irán desprendiendo pequeñas fibras de madera de la ranura. Eventualmente, las fibras comienzan a arder y forman una "brasa". Usa esta brasa para prender la yesca.

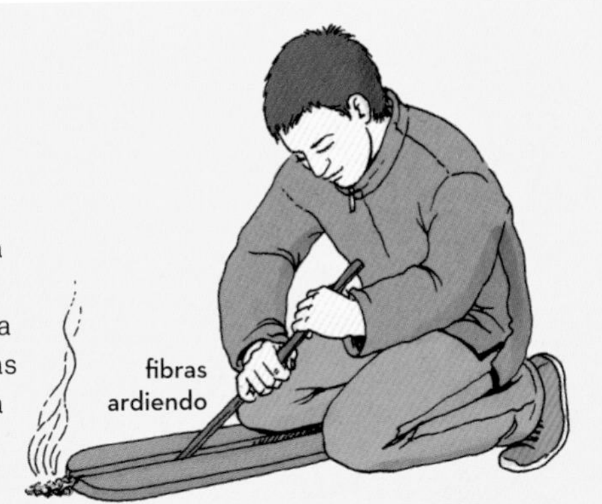

Taladro de arco

El método del taladro de arco es un poco más complicado que otros métodos de fricción, pero una vez dominada la técnica es muy efectivo, incluso en condiciones de frío y humedad.

BEAR DICE

Este método se ha usado desde tiempos prehistóricos. Sigue siendo una manera efectiva de empezar un fuego. Aprender a hacerlo podría resultar muy valioso.

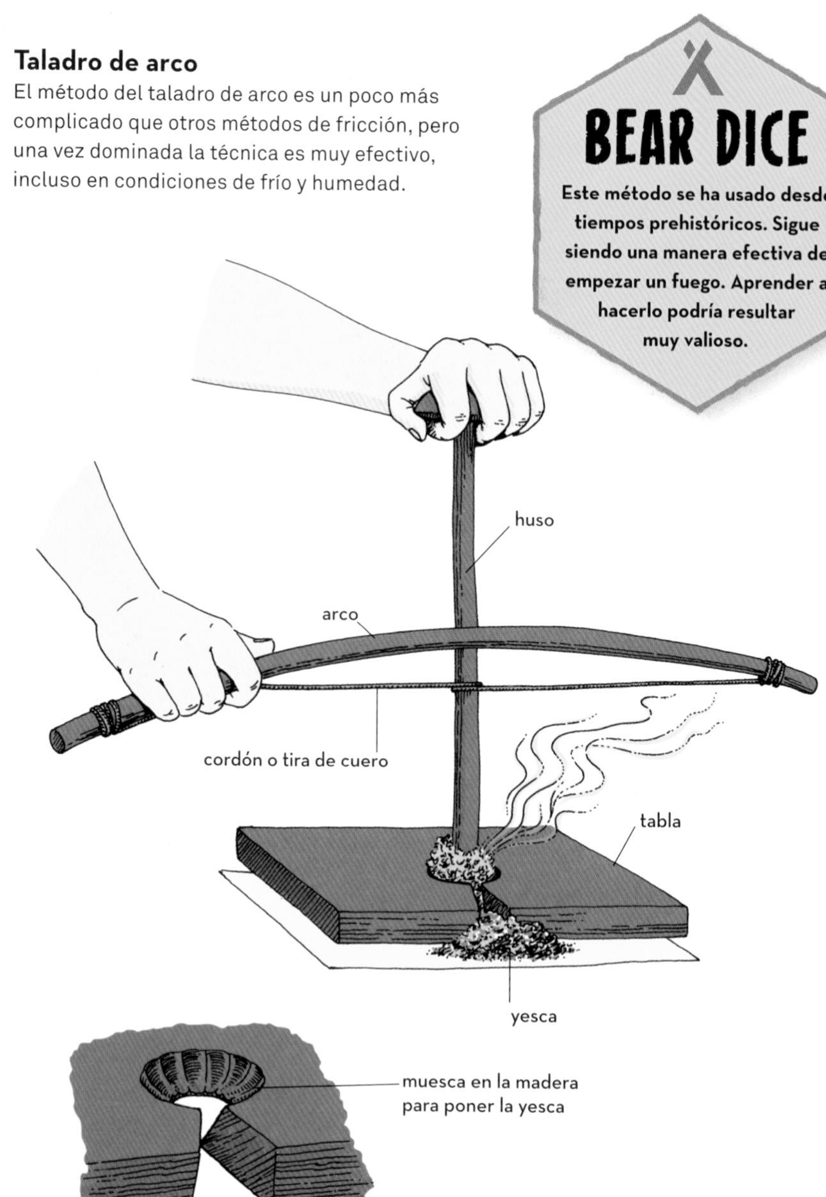

Soplar la yesca

El resultado final de muchos métodos para empezar un fuego no es conseguir una llama, sino una brasa. Para encender el fuego, pon la brasa rápidamente sobre un manojo de yesca y sopla suavemente. Esto agrega oxígeno y aumenta la temperatura lo suficiente para que el material se queme.

Transportar brasas

A veces es más fácil transportar brasas que empezar un fuego sin fósforos ni encendedor. Perfora varios agujeros en una lata y haz un mango con una cuerda o un alambre. Después, pon las brasas entre dos capas de musgo seco. Comprueba de vez que las brasas siguen encendidas y si se empiezan a apagar, sopla. Si se mantienen bien, las brasas pueden durar varios días.

musgo
brasas
musgo

COCINAR CON FUEGO

Además de proporcionar calor y un lugar para reunirse, el objetivo principal de una fogata es cocinar los alimentos.

Fogata estable
Use tres piedras para apoyar el cazo.

Pinchos de madera
Puedes cocinar carne y pescado al fuego con pinchos de madera.

Ramas útiles
Usa una rama de apoyo para controlar la altura. En una rama bifurcada puedes colgar varios utensilios.

Ayuda del viento
La cara abierta de una fogata de tres lados debe estar hacia el viento.

Construcción básica

Pon dos troncos paralelos al viento para hacer una fogata básica.

Solución fácil

Las ramas afiladas y clavadas en la tierra son una solución fácil.

Superficie irregular

Usa la pendiente del suelo y rocas grandes para sujetar tus utensilios sobre el fuego.

A largo plazo

Si vas a estar varios días en el mismo sitio, haz tu fogata en un agujero en la tierra.

Fogata tipo estrella

Empuja los troncos a medida que se queman para que el fuego dure más.

BEAR DICE

Además de cocinar, el fuego se usa para calentar agua. Para que el agua se pueda beber hay que hervirla, y es mejor lavarse con agua templada.

Grúa

Con este método, el cazo está alejado del fuego y no se quema.

Grúa ajustable

Con esta grúa puedes subir y bajar el cazo y controlar la temperatura al cocinar.

Plancha de piedra

Una losa de piedra tardá mucho en calentarse, pero se mantiene caliente durante mucho tiempo. Usa una roca seca y sólida.

Olla de bambú

El bambú verde es muy resistente al fuego y se puede usar como olla. Es resistente y excelente para hervir y cocinar a fuego lento.

aquí va la comida

vapor

agua

Bambú al vapor

Perfora varios agujeros en cada una de las dos paredes que dividen la longitud del bambú en tres secciones. Pon agua en un extremo y la comida en el otro para cocinarla al vapor.

Desayuno en una bolsa

Pon tocino y un huevo dentro de una bolsa de papel húmeda. Coloca la bolsa sobre las brasas calientes para que se cocine.

Horno de aluminio

Envuelve la comida en papel de aluminio y ponla sobre las brasas para asarla a fuego lento. Si usas este método, no tienes que cargar con cazos y sartenes.

Hangi

El hangi es un método maorí tradicional de Nueva Zelanda para cocinar comidas copiosas. Para hacer un hangi, primero cava un hoyo en el suelo. Luego construye una pira de vigas de madera sobre el pozo para poner las piedras de hangi. Prende la hoguera para calentar las piedras. Cuando se quemen las vigas y se caigan las piedras al hoyo, pon encima la comida en cestas de alambre, cubre con sacos húmedos y tierra y deja cocinar durante dos o tres horas.

Asar con barro

1 Limpia un pescado y ponlo sobre una cama de hojas verdes no venenosas. No hace falta quitar las escamas.

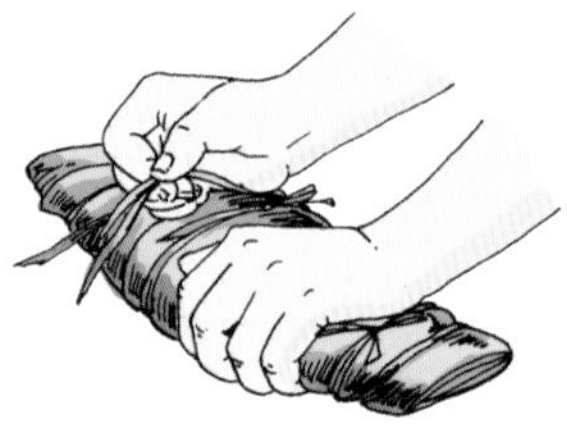

2 Envuelve el pescado con las hojas hasta que esté completamente cubierto. Amarra el paquete con un cordel.

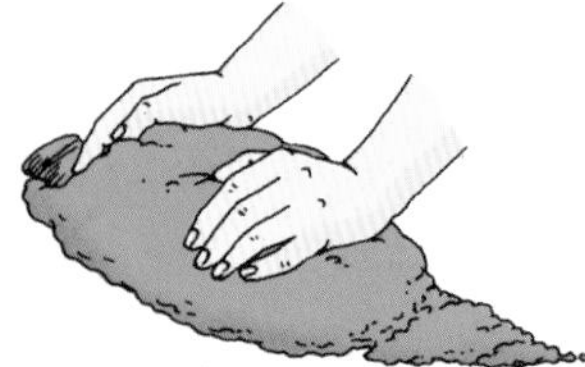

3 Envuelve el paquete con barro. Usa arcilla si tienes o tierra con una textura similar. Comprueba que no hay agujeros.

4 Entierra el paquete entre las brasas calientes. Un pescado de tamaño medio se cocina en 20 minutos.

ESTUFAS PARA ACAMPAR

Cocinar al fuego tiene sus inconvenientes y no siempre se puede encontrar leña o hacer fuego. Muchas veces, la mejor manera de cocinar al aire libre es con una estufa para acampar.

Con combustible

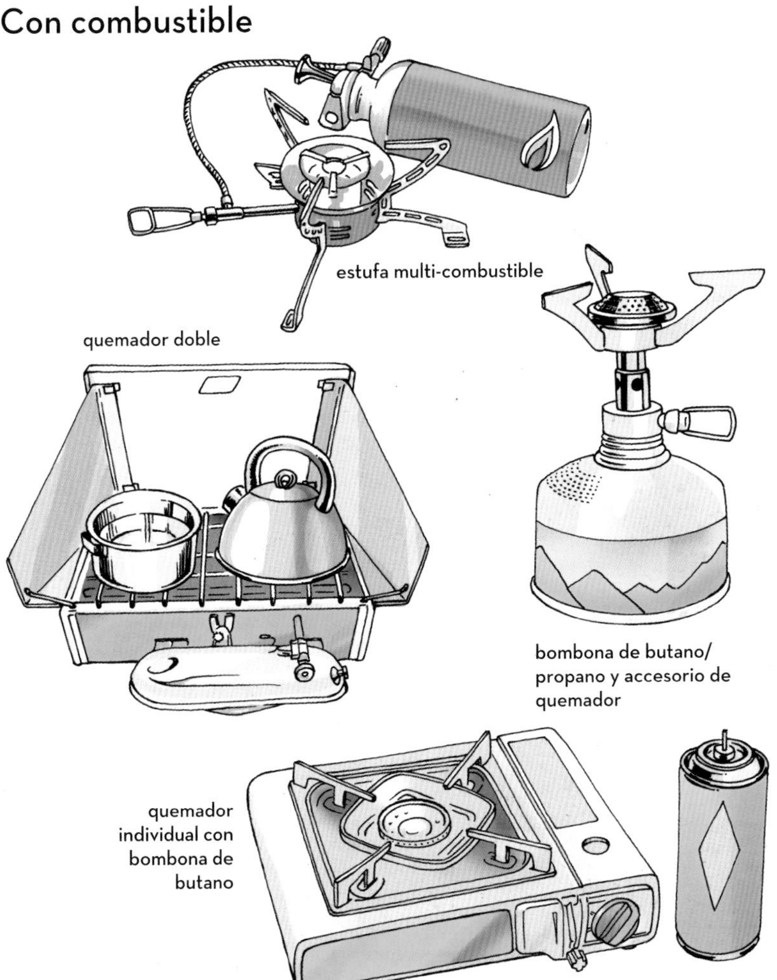

Set de alcohol de quemar

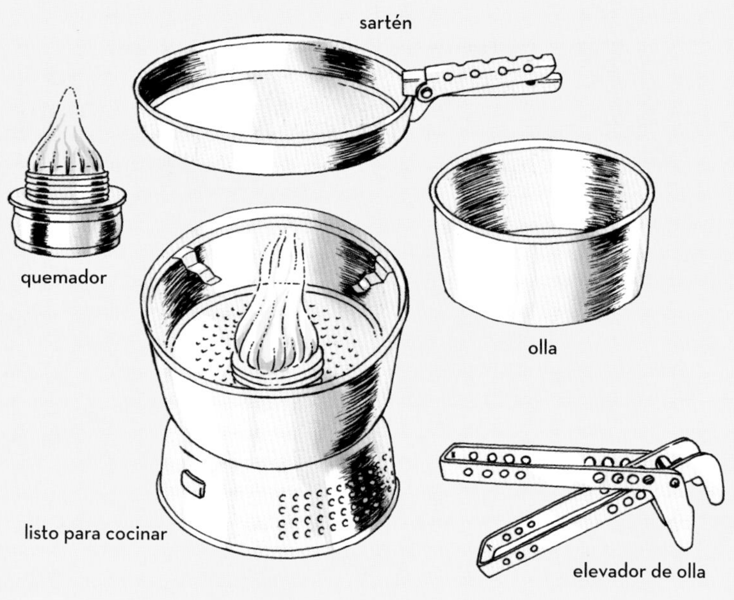

Estufa de parafina Primus

Inventada en 1892, la estufa de parafina a presión Primus fue la primera que se utilizó para acampar.

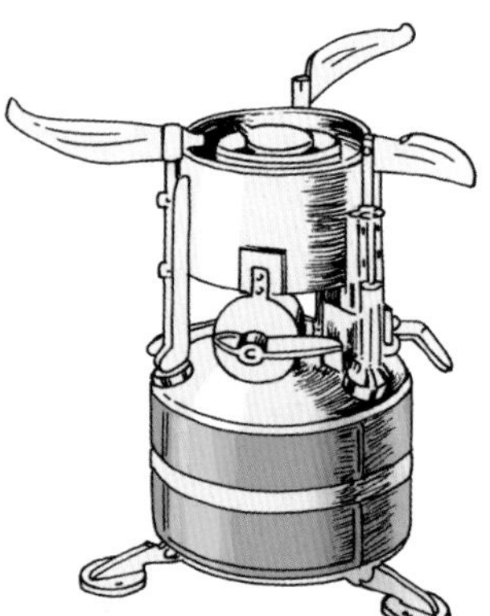

Estufa de gasolina del Ejército de los Estados Unidos

Las usó el Ejército de los Estados Unidos desde 1951 a 1987.

Cocinar sin gas

Cocina solar parabólica

Las cocinas solares son lo último en cocina ecológica. Pueden alcanzar altas temperaturas rápidamente y son buenas para llevar los líquidos a ebullición.

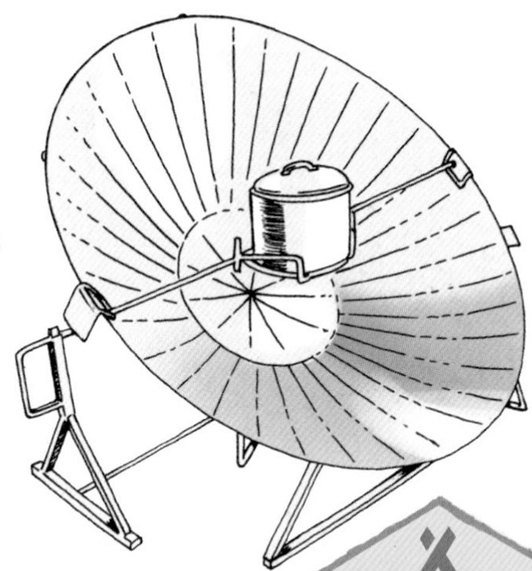

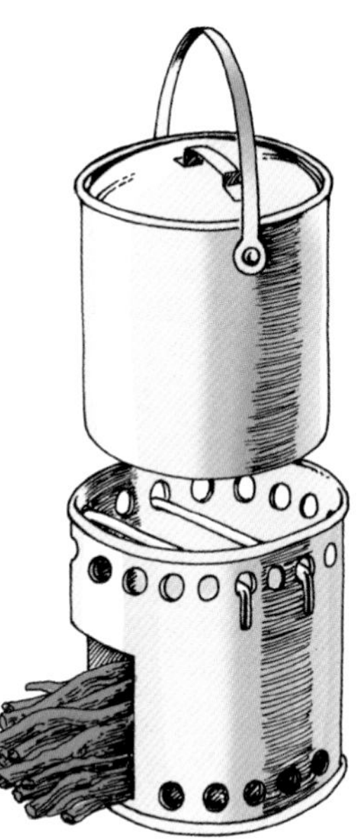

Estufa de ramas

Este quemador de ramitas de bajo impacto se puede fabricar fácilmente con una lata, alambre de acero y herramientas básicas.

BEAR DICE

Cocinar en la naturaleza es fácil si estás bien preparado. Ten mucho cuidado con las estufas para acampar porque pueden alcanzar temperaturas muy altas.

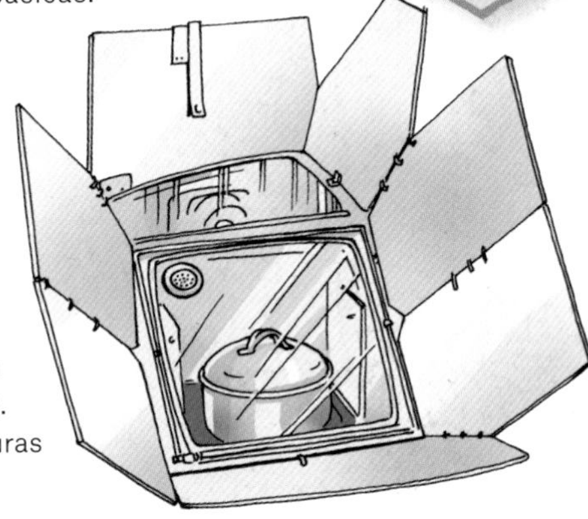

Horno de caja solar

Este método usa paneles reflectantes y una cámara sellada que absorbe la luz. Puede alcanzar temperaturas en su interior de 300°F.

MAPAS Y NAVEGACIÓN

Aprender destrezas esenciales, como leer un mapa y la navegación, te permitirá disfrutar del mundo que te rodea. Aunque para dominarlas hace falta práctica, no hay nada como el sentimiento de triunfo cuando consigues llegar a tu destino.

EN ESTA SECCIÓN:

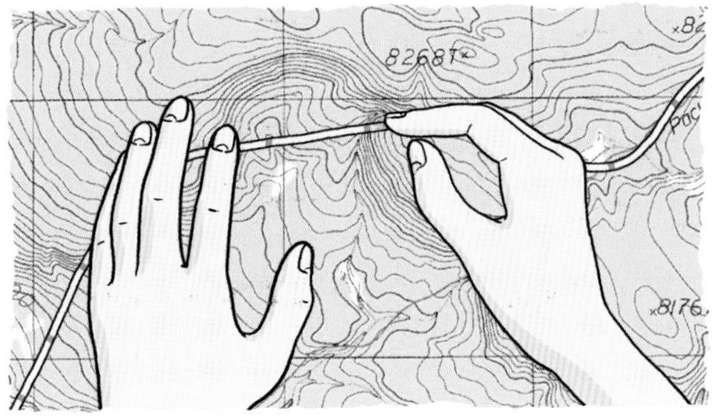

EMPIEZA TU AVENTURA

El mundo está lleno de lugares fascinantes para explorar. Para viajar de forma segura, tienes que aprender el arte de la navegación y la lectura de mapas, como los aventureros del pasado. Si tienes un mapa y una brújula y sabes usarlos, nunca te perderás. Recuerda: ¡para alcanzar la perfección hay que practicar!

Equipo

Si te aventuras en la naturaleza, asegúrate de tener todo el equipo necesario para moverte de un lado a otro de forma rápida y fácil. El tipo de equipo y la cantidad que necesitas depende de dónde vas a ir y cuánto tiempo estarás. Este es el equipo básico para una caminata.

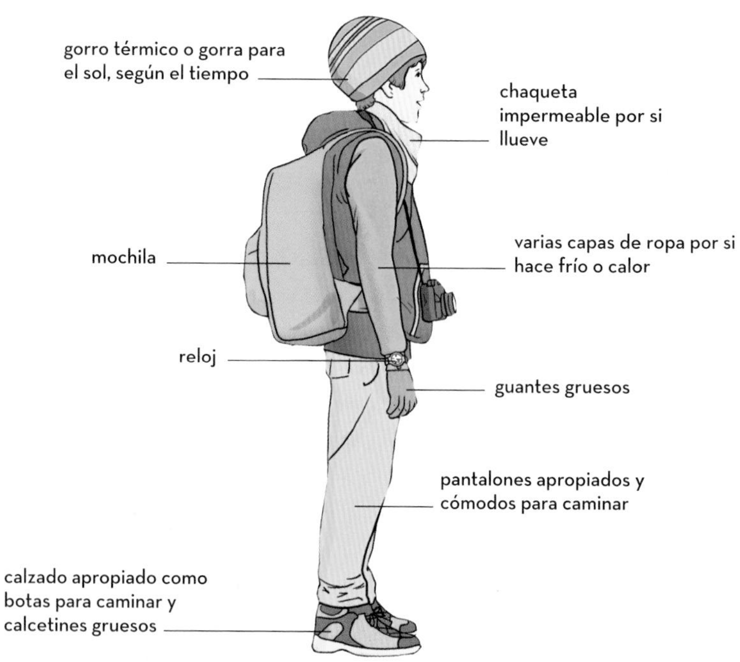

En tu mochila debes llevar estos objetos esenciales.

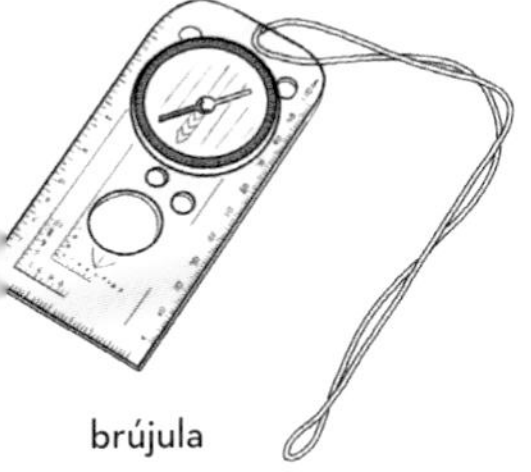
brújula

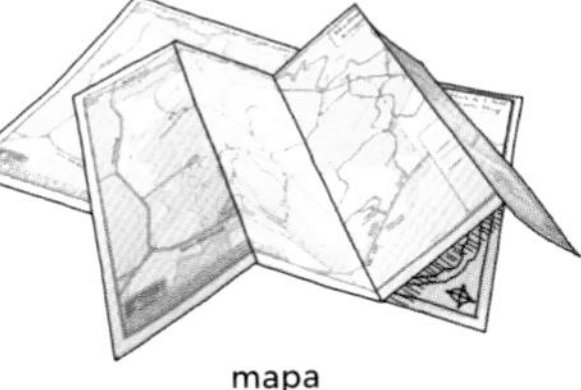
mapa

kit de primeros auxilios

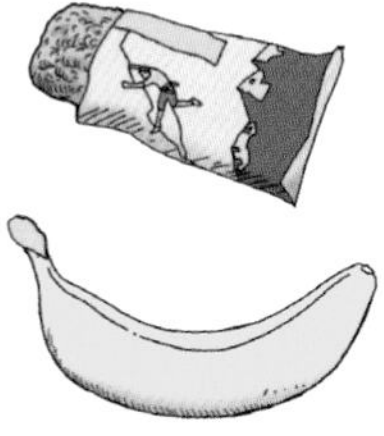
comida y botella de agua

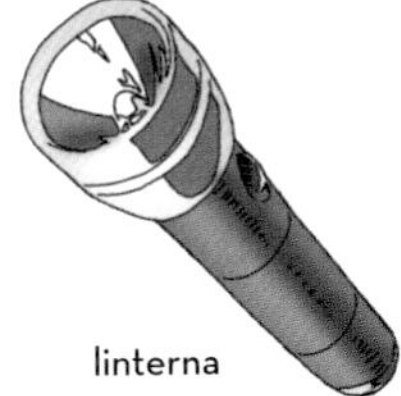
linterna

teléfono celular

cámara

protector solar y repelente de insectos

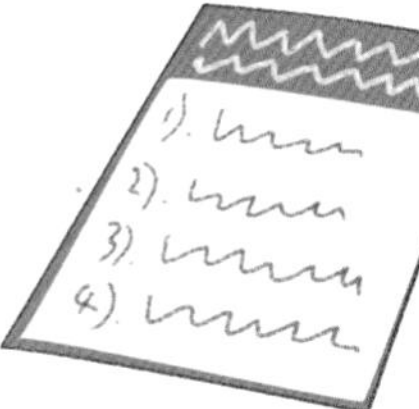
contactos en caso de emergencias

BEAR DICE

Antes de salir, asegúrate de que alguien sabe tu ruta y tu hora aproximada de llegada para que puedan dar la alarma si no apareces a tiempo.

MAPAS

Cuidado de mapas

Mientras vas de excursión, tienes que consultar el mapa con frecuencia para asegurarte de que vas por el camino correcto. Hay que doblar los mapas con cuidado para que estén en buenas condiciones y sean útiles.

Es buena idea ponerlos en una funda con un cordón atado al cuello. Hay ropa diseñada con bolsillos especiales para mapas. Si llevas el mapa en el bolsillo, asegúrate de que es fácilmente accesible. Los mapas laminados son útiles si el tiempo es húmedo o hay viento. Si vas a algún lugar remoto, es fundamental tener un mapa de repuesto.

Cómo doblar un mapa

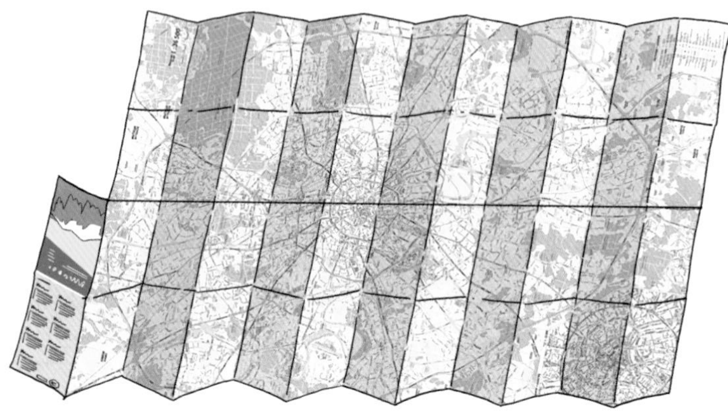

1 Doblar un mapa no es tan fácil como parece. Con el mapa abierto, mira los dobleces para saber la manera correcta de doblarlo.

2 Dobla el mapa por la mitad poniendo la mitad superior encima de la mitad inferior.

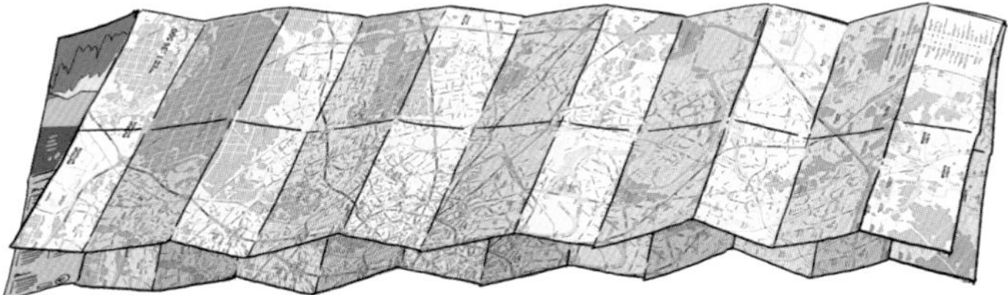

asegúrate de que la portada se queda en un lado

3 Pliega el mapa hacia adentro, como si fuera un acordeón.

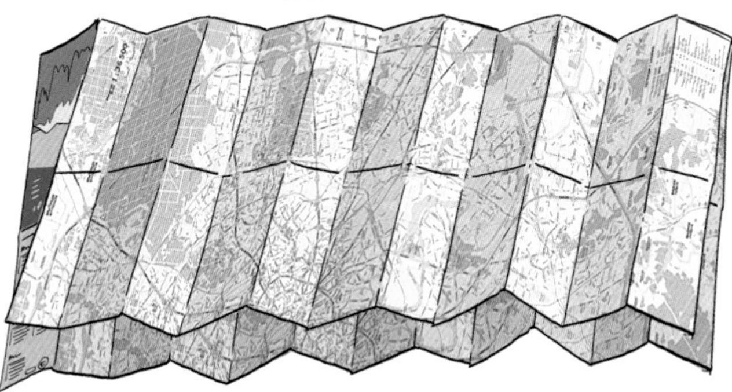

4 Dobla el mapa de modo que la portada quede arriba. Algunos mapas tienen una tercera sección que hay que doblar hacia dentro.

BEAR DICE

Los exploradores tienen que saber trazar mapas y es importante practicar mucho. ¡Nunca sabes cuándo vas a necesitar esta destreza!

Mapas topográficos

Estos mapas muestran las líneas de contorno y los accidentes geográficos. Son útiles porque muestran la forma del terreno. Todo excursionista debería ser capaz de "leer" las líneas de contorno en un mapa para planificar su ruta.

Líneas de contorno

Las líneas de contorno en un mapa unen los puntos del terreno que están a la misma altura. Si las líneas están juntas significa que hay una pendiente pronunciada, mientras que si las líneas que están muy separadas indican que el terreno es plano o hay una pendiente suave.

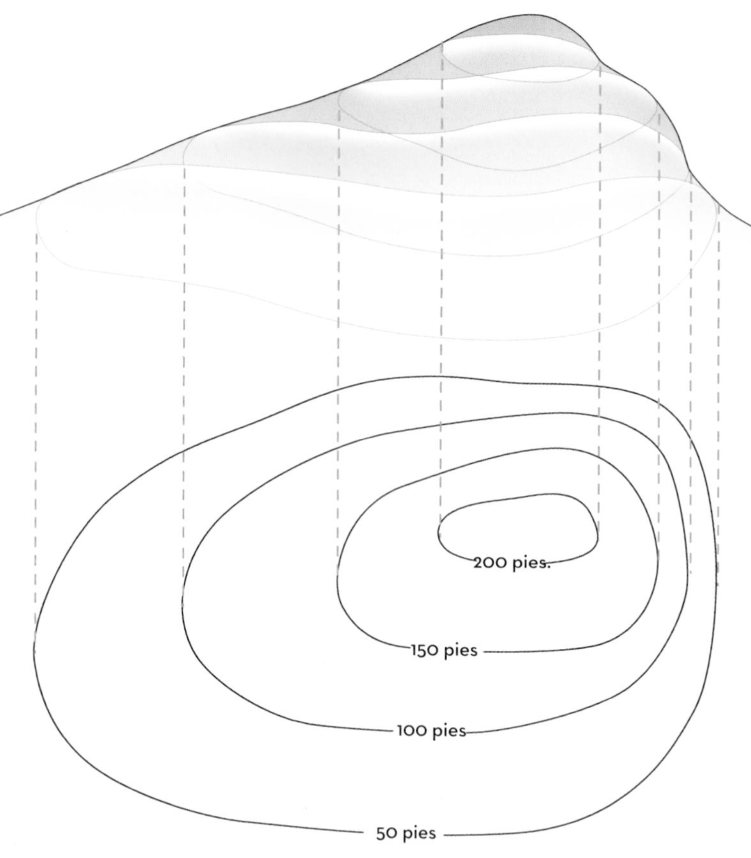

Elegir la mejor ruta

La mejor ruta a un destino no siempre es la más directa. Elige una ruta segura, como un sendero, y aléjate de los acantilados y las aguas rápidas. Intenta que la ruta sea lo más sencilla posible para poder seguirla y asegúrate de tener permiso si vas a ir por un lugar que no sea público.

Puntos de referencia

Desde tu punto de partida, busca el punto de referencia más cercano y más grande en el mapa, como un lago. Mira las líneas de contorno por si no estuviera a la vista. Si no sabes dónde estás, anota cualquier punto de referencia en un papel e intenta localizarlo en el mapa. Es difícil calcular la escala, pero es un buen punto de partida si no estás seguro de tu localización.

BEAR DICE
Comprender las líneas de contorno y localizar el lugar donde estás en un mapa es una destreza fundamental que debes aprender.

NORTE

OESTE

ESTE

SUR

Cómo calcular la distancia

Los medidores de mapas te permiten calcular la distancia entre dos puntos en un mapa. Planificar la ruta es una parte importante de la navegación, y saber calcular la distancia que tienes que recorrer te ayuda a calcular la hora llegada, ¡y así poder llegar antes de que oscurezca!

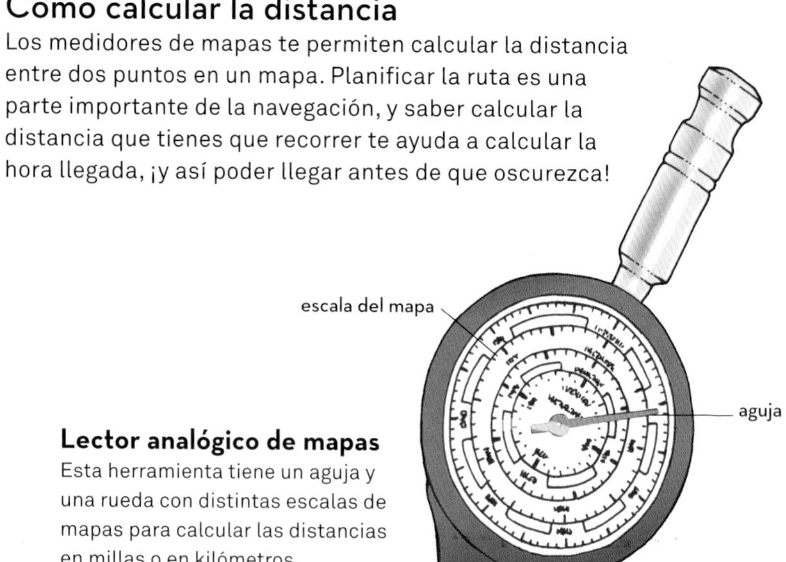

Lector analógico de mapas

Esta herramienta tiene un aguja y una rueda con distintas escalas de mapas para calcular las distancias en millas o en kilómetros.

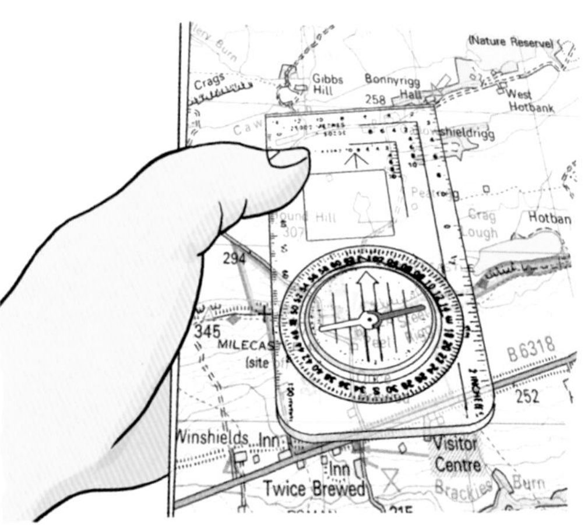

Usar la brújula

Además de ayudara orientarte y a encontrar el norte, la brújula de orientación te puede ayudar a calcular distancias, utilizando las medidas que tiene en la base.

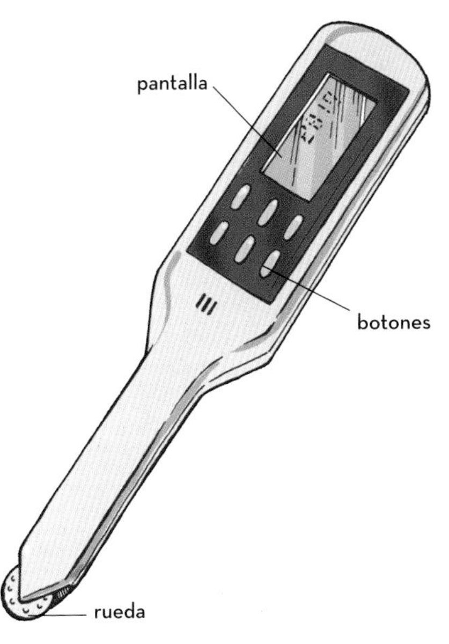

Lector digital de mapas

Con las ruedas del lector digital de mapas, el usuario elige la unidad, como los kilómetros, y la escala del mapa. Luego pasa la punta del lector por la ruta para calcular la distancia.

BEAR DICE

Medir la distancia con precisión te ayuda a planear tu ruta. Antes de salir, dedica el tiempo que sea necesario para calcular las distancias.

Usar un trozo de cordel

Si no tienes un dispositivo, puedes poner un cordel a lo largo de tu ruta y calcular la distancia con la escala del mapa.

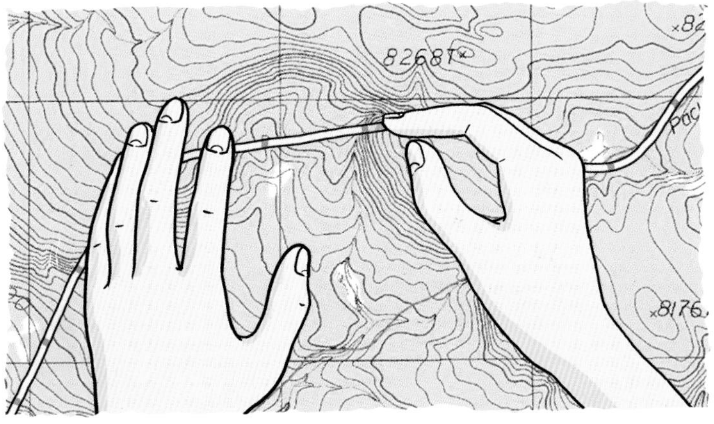

Tipos de paisajes

Cuando camines al aire libre, notarás que hay muchos tipos de paisajes. Algunos son más fáciles de recorrer que otros. Estos son los tipos más comunes.

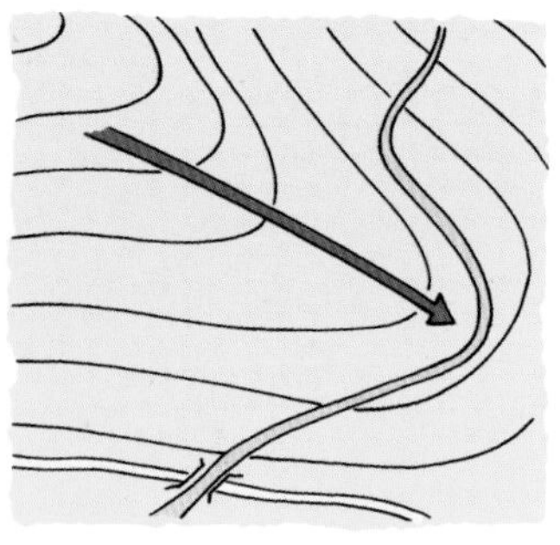

Pendiente suave

La altura de esta pendiente disminuye gradualmente y es fácil de escalar.

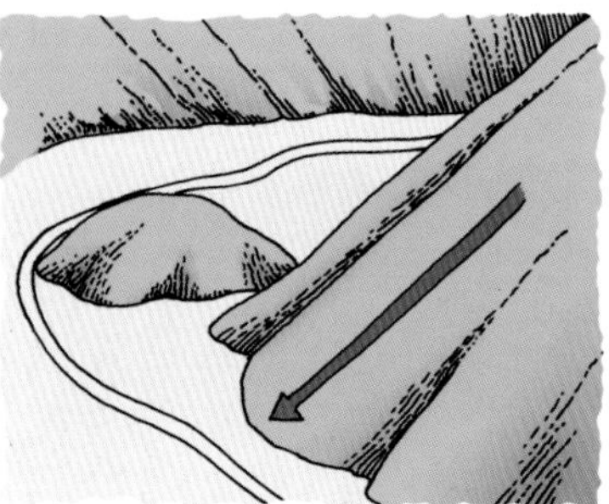

Pendiente pronunciada

Las pendientes pronunciadas son difíciles de subir por el ángulo del terreno.

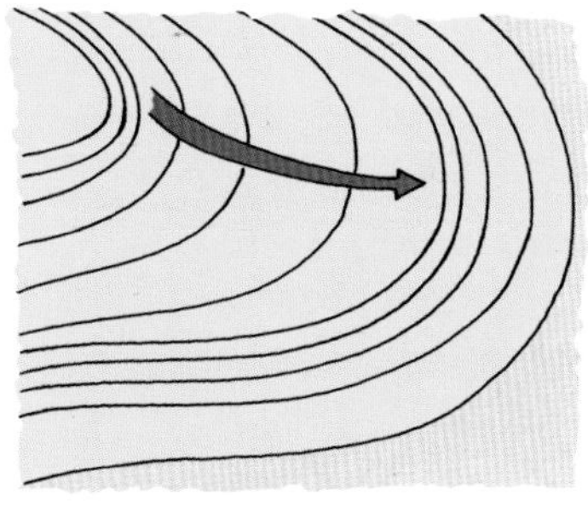

Pendiente cóncava

Esta pendiente es como el interior de un tazón: empinada en la parte superior y menos empinada en la parte inferior.

BEAR DICE

¡Evita las pendientes empinadas! Conocer las líneas de contorno te ayudará a elegir las mejores rutas de navegación.

Pendiente convexa

Es una pendiente redondeada en la que la pendiente va de menor a mayor.

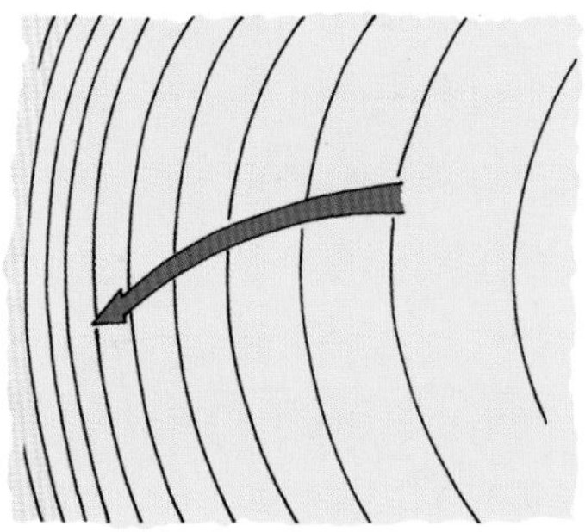

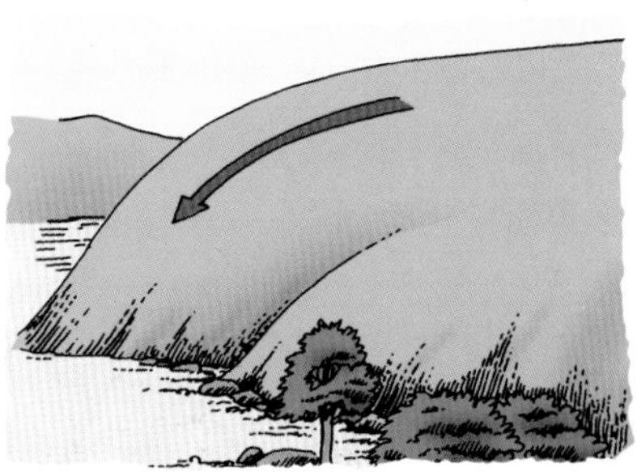

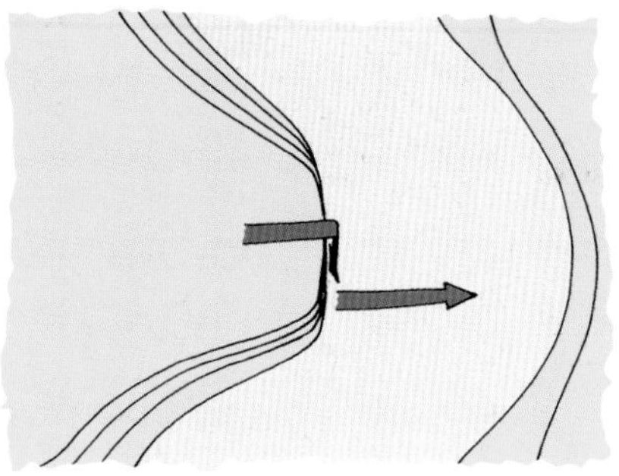

Acantilado

Un acantilado es una caída muy empinada del terreno, sobre todo en las costas.

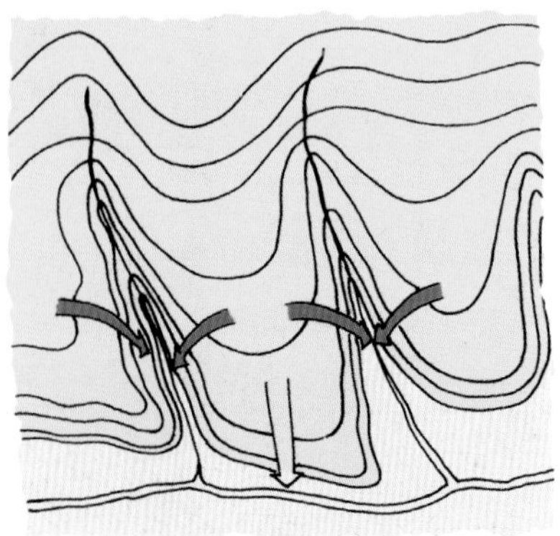

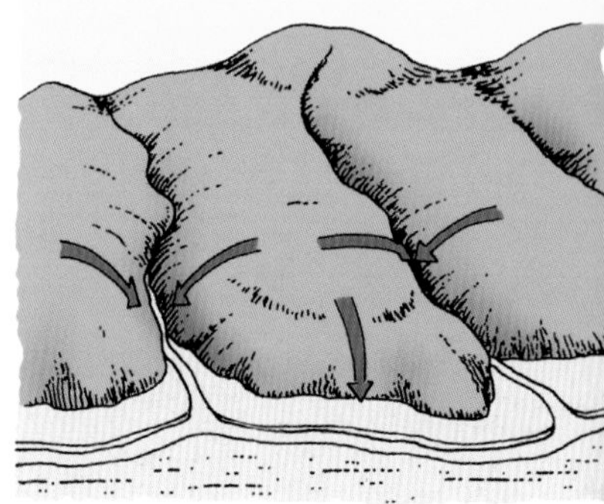

Barrancos y estribaciones

Un barranco es un terreno escarpado cerca de la orilla del mar, mientras que una estribación es una cresta de tierra que desciende desde el borde de una colina.

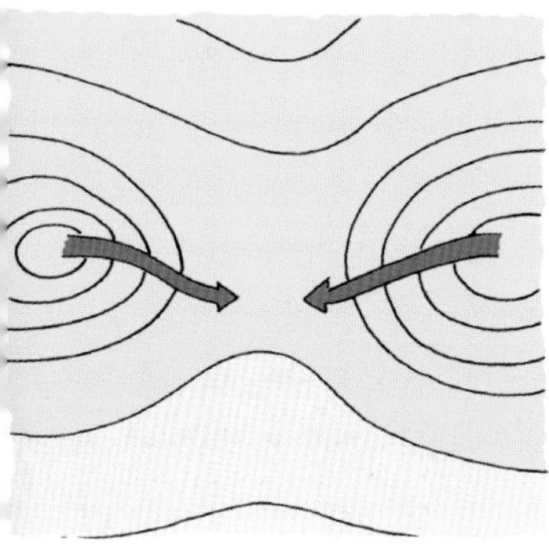

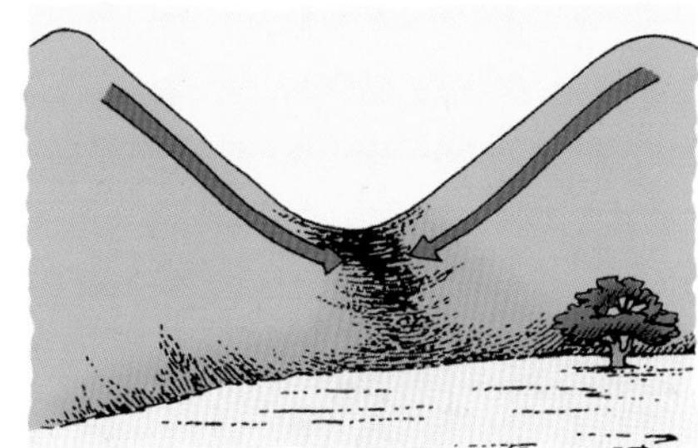

Cuenca

El área entre dos colinas o los picos de dos montañas se llama cuenca.

BEAR DICE
El paisaje está formado por distintos accidentes geográficos que nos ayudan a la navegación.

Valle

Un valle es una zona baja de terreno entre varias colinas. Los ríos suelen fluir por los valles.

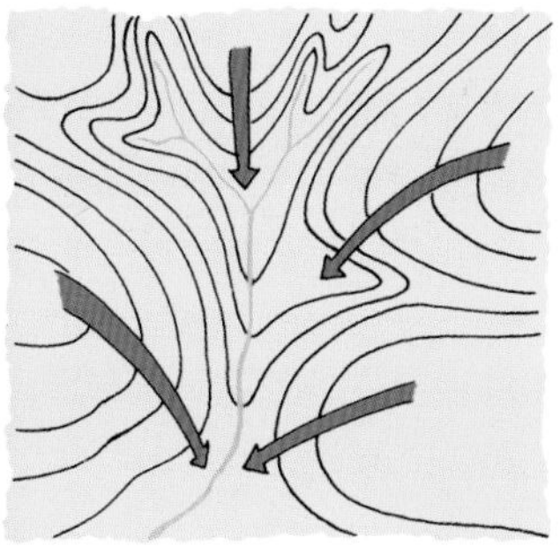

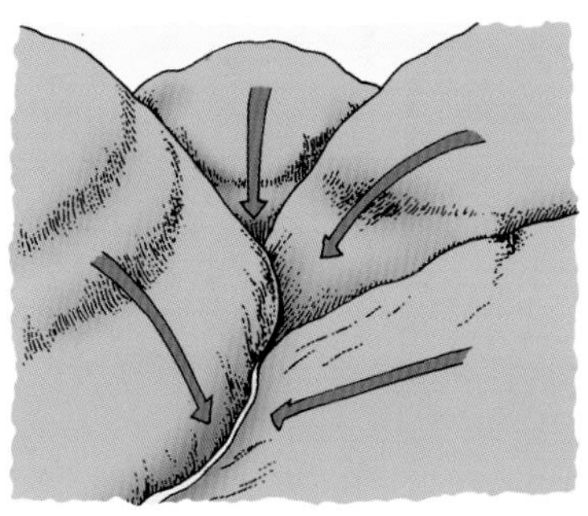

Símbolos

Los mapas tienen símbolos, líneas y colores para describir el terreno y que se puedan leer más fácilmente.

Identifica los dibujos

Si observas un mapa con antención, verás que está lleno de símbolos. En un mapa, sería casi imposible escribir todo con palabras ya que no hay espacio. La clave explica lo que significa cada símbolo. Los símbolos pueden ser dibujos, palabras o abreviaturas.

Un símbolo para Marte

Ordnance Survey es la agencia nacional de mapas de Gran Bretaña y una de las mayores productoras de mapas del mundo. Los símbolos de sus mapas son fáciles de reconocer. En mayo de 2016 hicieron un concurso para diseñar el símbolo de Marte ya que el planeta se había mapeado recientemente.

Escalas

Los mapas están hechos a escala para indicar con precisión en el papel la distancia real entre accidentes geográficos y lugares. Es muy importante que el mapa sea correcto y que muestre los accidentes geográficos como espera el usuario. La escala nos ayuda a calcular las distancias. En casi todos los mapas se indica la escala (ejemplo: 1:50,000). Esto significa que cada pulgada del mapa representa 50,000 pulgadas en el terreno.

Escala pequeña

La escala se muestra visualmente en un mapa tanto en centímetros como en pulgadas. En este ejemplo, el diagrama muestra un mapa con una escala de 1:100,000 — cada centímetro del mapa corresponde a un kilómetro del terreno. Los exploradores expertos suelen usar el sistema decimal centímetros, metros y kilómetros ya que es más claro que el de pulgadas y pies que se usa en América del Norte. ¡Pero con unos cálculos básicos de matemáticas básicas puedes calcular las pulgadas y los pies!

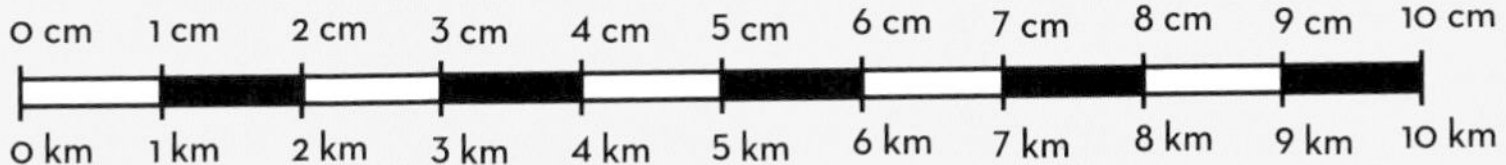

BEAR DICE
Los símbolos son bastante claros aunque al principio puede resultar difícil identificarlos. Aprender a reconocerlos es muy útil.

Coordenadas

Las coordinadas describen la ubicación en la Tierra. Nuestro planeta es un globo o esfera, y a su alrededor hay una serie de líneas imaginarias que van del este al oeste y del norte al sur. Las líneas verticales que van de arriba abajo del globo de llaman líneas de longitud, mientras que las horizontales se llaman líneas de latitud.

Líneas de latitud

La latitud se mide en grados norte o sur del ecuador (0–90°). El ecuador es una línea imaginaria que pasa por el centro del planeta y es también una línea de latitud. Divide a la Tierra en dos partes: el hemisferio norte y el hemisferio sur.

Líneas de longitud

Las líneas de longitud rodean la Tierra de norte a sur. Se llaman meridianos. La longitud se mide en grados este u oeste del meridiano de Greenwich (0–180°).

BEAR DICE
Con la longitud y la latitud puedes dar la ubicación precisa de cualquier lugar en la Tierra.

¿Dónde vives?

Con el sistema de coordenadas se puede indicar cualquier ubicación en el planeta. Como usa números, se entiende en todos los idiomas. Busca la latitud y la longitud del lugar donde vives en Internet.

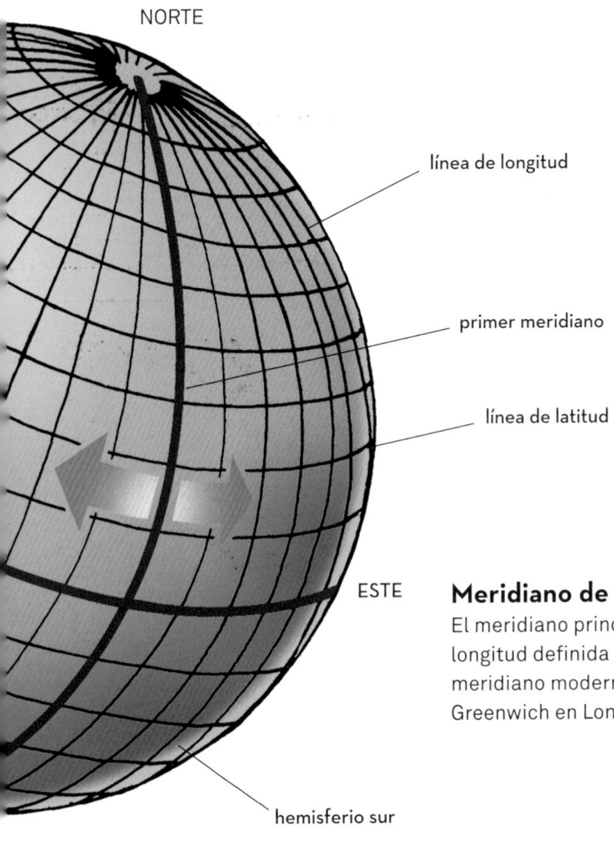

NORTE

línea de longitud

primer meridiano

línea de latitud

ESTE

hemisferio sur

Meridiano de Greenwich

El meridiano principal es una línea de longitud definida como 0°. El primer meridiano moderno se encuentra en Greenwich en Londres, en el Reino Unido.

Del globo al mapa

Nuestro planeta es una esfera, pero los mapas son planos. Para crear un mapa, los cartógrafos tienen que “proyectar” un globo en tres dimensiones sobre un papel en dos dimensiones. Lo hacen aplastándolo o estirándolo. Por suerte, al hacerlo, los cambios que se producen son muy pequeños y no crean grandes problemas para los escaladores.

TIERRA

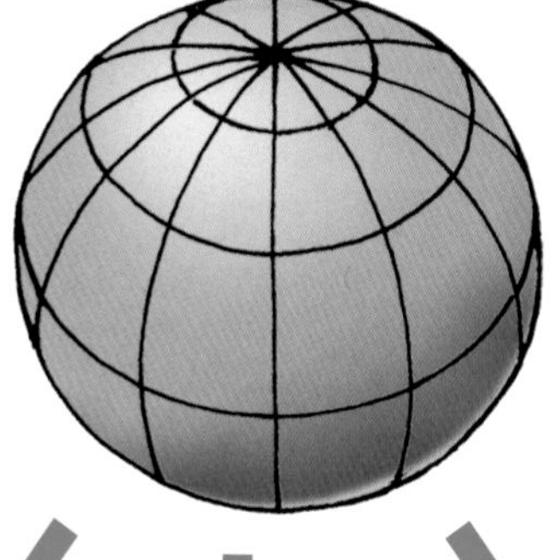

proyección cilíndrica

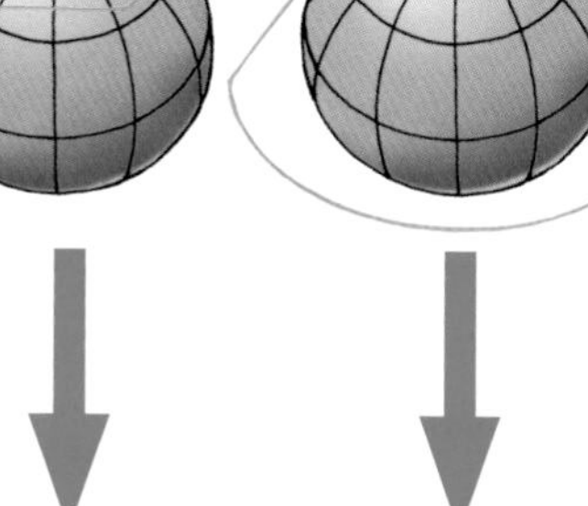

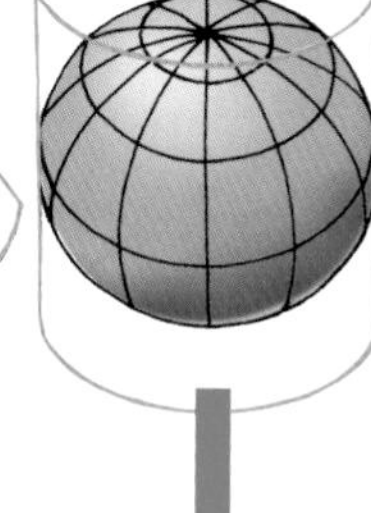

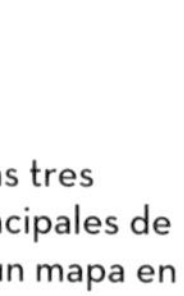

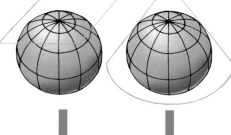

estas son las tres formas principales de proyectar un mapa en un papel plano

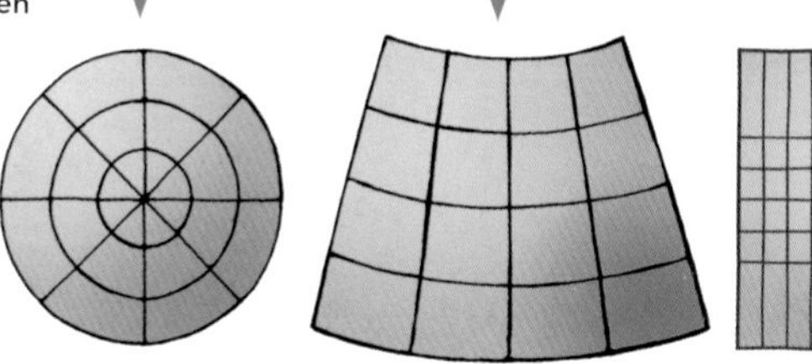

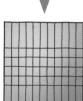

Cuadrículas de referencia

Los mapas se suelen dividir en secciones llamadas cuadrículas. Las cuadrículas ayudan a identificar rápidamente la ubicación en un mapa. Las líneas verticales atraviesan el mapa de arriba abajo. Los números aumentan de oeste a este. Las líneas horizontales atraviesan el mapa de lado a lado. Los números aumentan de sur a norte.

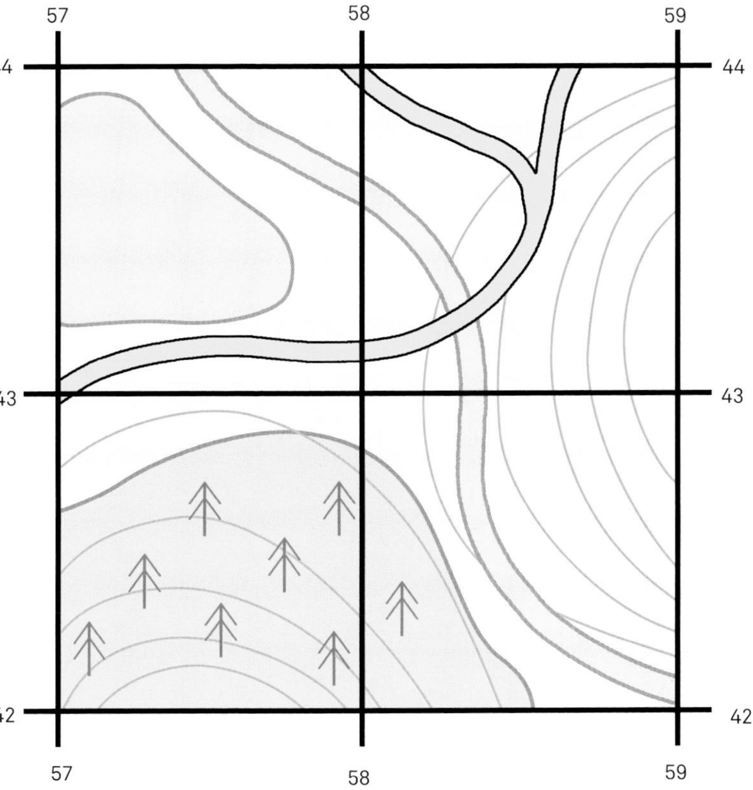

Cuando se hace referencia a una cuadrícula, siempre se nombra primero la línea vertical. El bosque está en la 4257.

TIERRA MAGNÉTICA

Nuestro planeta es un gran imán, lo que es muy útil para la navegación... siempre que tengas un mapa, una brújula y sepas la diferencia entre el norte magnético y el norte verdadero.

Campo magnético de la Tierra

El centro de la Tierra está hecho de hierro líquido. Este núcleo de metal hace que nuestro planeta sea un imán gigante, con un campo magnético que va cambiando con el tiempo. El norte magnético no coincide con el Polo Norte geográfico, y hay que hacer una serie de ajustes a la hora de usar una brújula. Esto se llama declinación.

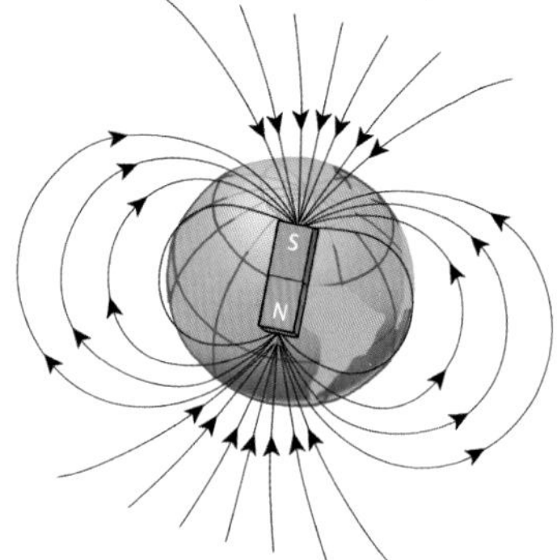

El campo magnético de la Tierra es más fuerte cerca de los polos norte y sur.

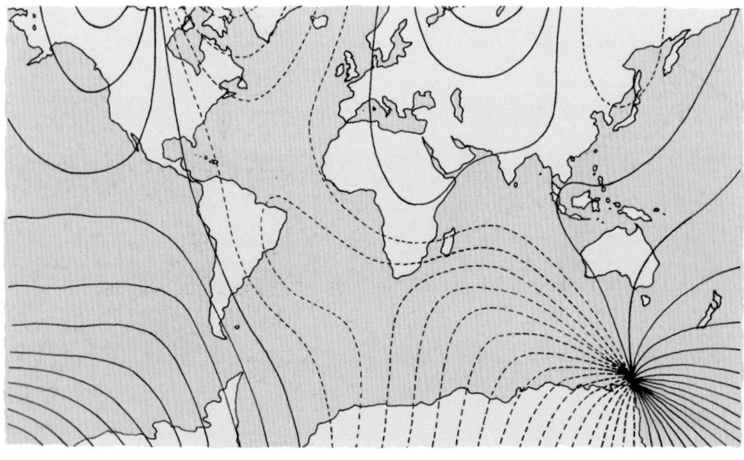

¿Dónde está el norte?

Cuando hablamos del "norte verdadero" nos referimos a la parte de arriba de la Tierra, el Polo Norte geográfico. La Tierra gira sobre sí misma, y si imaginas que gira alrededor de una línea que va desde la parte superior hasta la parte inferior del planeta, el Polo Norte es el punto que está en la parte superior, y el Polo Sur es el punto que está en la parte inferior. El norte magnético es diferente ya que corresponde al cambio magnético cambiante de la Tierra y no corresponde a un mismo punto.

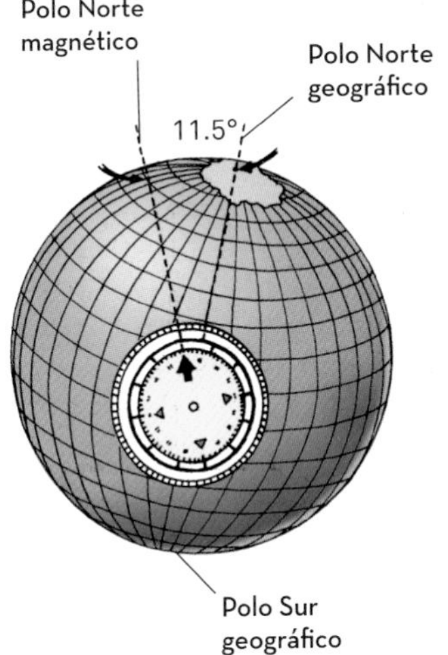

Tres nortes

Un buen mapa tiene una clave que indica la cuadrilla, el norte verdadero (geográfico) y el norte magnético.

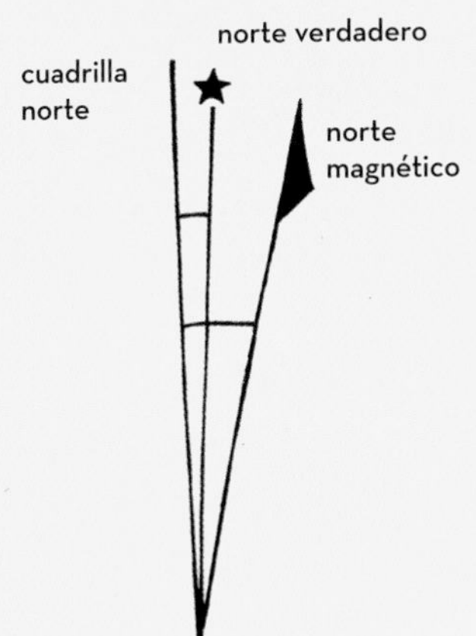

BEAR DICE
El campo magnético de la Tierra no afecta a los sistemas GPS, con lo que son muy útiles, sobre todo en el extremo norte.

BRÚJULAS

La brújula se inventó en China hace unos mil años y sigue siendo una herramienta muy útil para los navegantes que deben calcular la ruta de su travesía. Funciona con un pequeño imán controlado por el campo magnético de la Tierra, que hace que la brújula apunte al norte.

¿Qué brújula debo usar?

Para empezar, puedes usar una brújula de orientación. Tiene una base transparente y está diseñada para utilizarla con un mapa topográfico. Es una herramienta muy útil y, con práctica, es fácil de usar. No importa en qué dirección vayas, la aguja magnética siempre apunta hacia el norte, de modo que puedes calcular dónde está el norte, el sur, el este y el oeste.

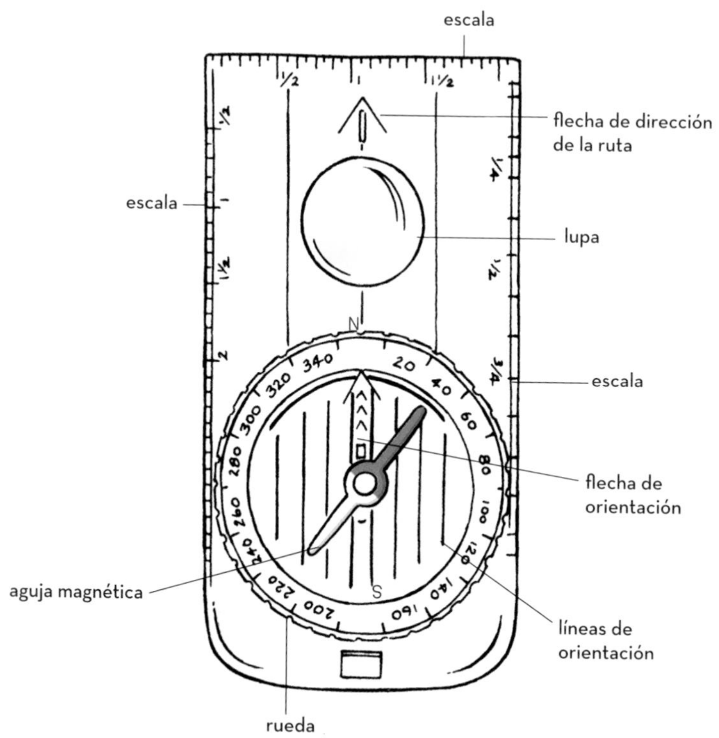

Orientar un mapa

Para orientar un mapa, tienes que alinear el borde de tu brújula con las líneas norte-sur del mapa. Gira la rueda de la brújula hacia el norte, después gira el mapa con la brújula hasta que el punto norte que apunta la brújula (en rojo) esté justo encima de la flecha de orientación. Ahora tu mapa está orientado correctamente.

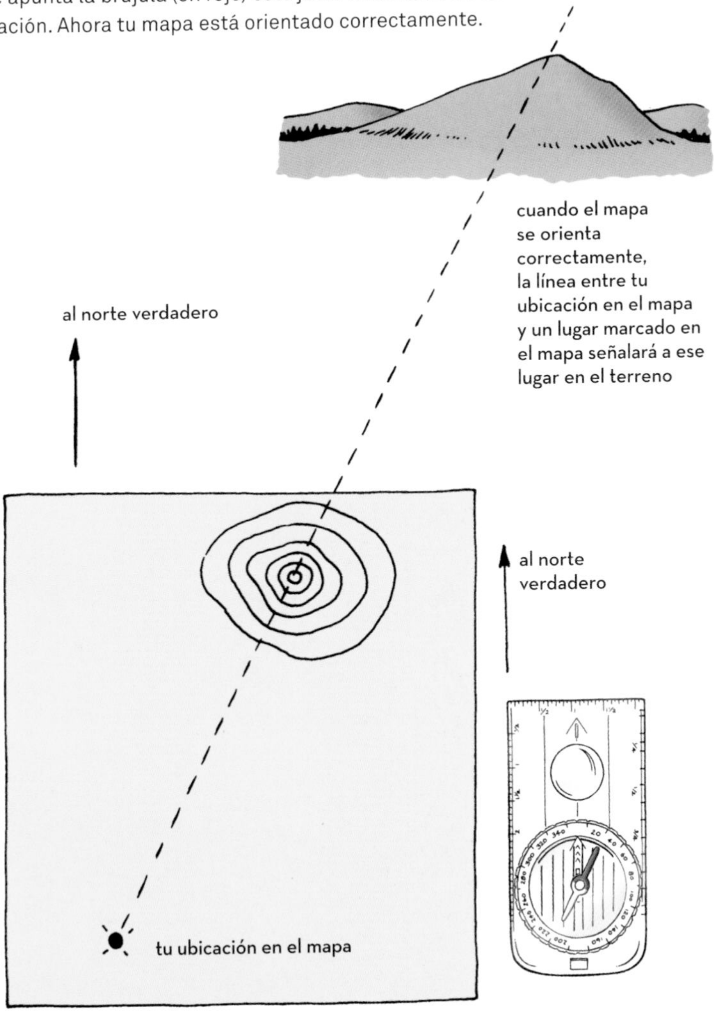

cuando el mapa se orienta correctamente, la línea entre tu ubicación en el mapa y un lugar marcado en el mapa señalará a ese lugar en el terreno

al norte verdadero

al norte verdadero

tu ubicación en el mapa

Encuentra tu rumbo

El rumbo es el ángulo que hay entre el norte y un objeto. Se mide en grados, por ejemplo, 45 grados (45°). Los rumbos siempre se miden en dirección de las agujas del reloj. Empiezas mirando al norte y vas girando a la derecha hasta que llegar al ángulo de tu rumbo. Ahora estás mirando en dirección a tu destino. El rumbo puede ser "magnético" o "verdadero" dependiendo de si se mide el norte magnético o el norte verdadero.

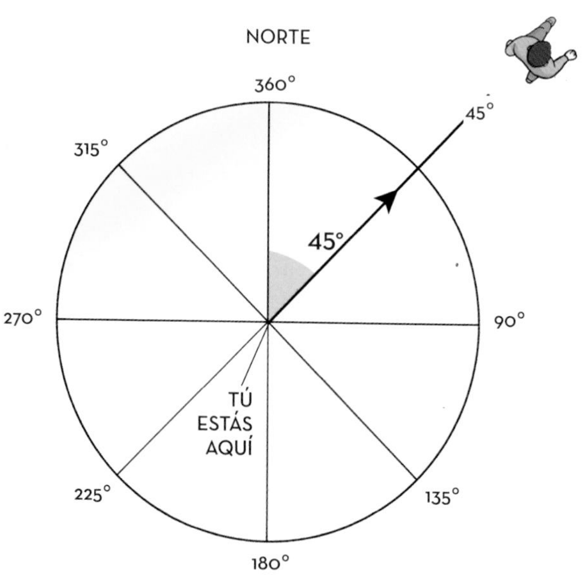

¡Inténtalo!

Este diagrama muestra una persona que camina en distintas direcciones. ¿Cuál es su rumbo en cada dibujo?

BEAR DICE

¡Siempre comprueba que estás en el rumbo correcto! Si te desvías un poco en la dirección equivocada, podrías añadir horas a tu caminata.

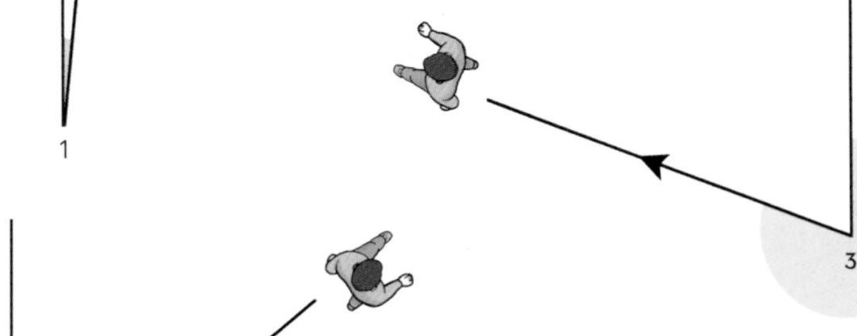

Respuestas
1. 5° 2. 50° 3. 290°

Determina tu rumbo

1 Primero gira la rueda hasta que la flecha indique el rumbo deseado.

2 Pon la brújula delante de ti y gira el cuerpo hasta que el extremo norte de la aguja de la brújula está justo por encima de la flecha de orientación.

avanza en esta dirección

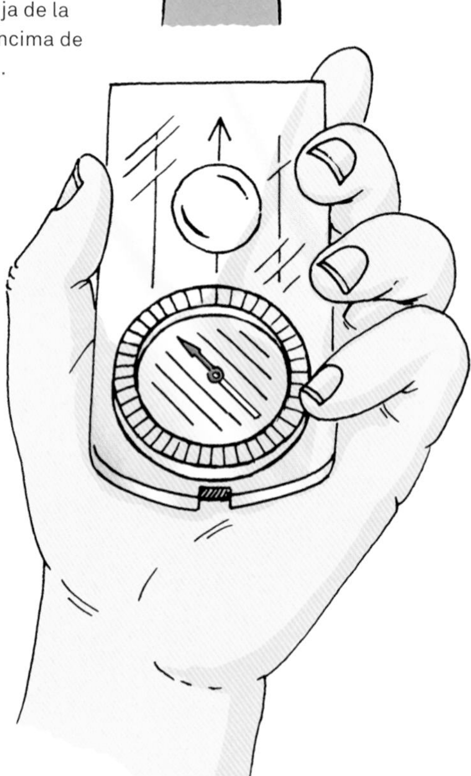

Calcular el rumbo con un mapa

Para calcular un rumbo, no hace falta orientar el mapa. Pon la brújula encima del mapa y alínealo con el rumbo que quieres seguir. Gira la rueda hasta que la "N" esté alineada con la parte superior del mapa y las líneas de orientación estén paralelas a las líneas norte-sure del mapa. El rumbo de la rueda es el rumbo que debes seguir.

Rodear obstáculos

Puedes usar el rumbo para rodear los obstáculos que encuentres en tu camino.

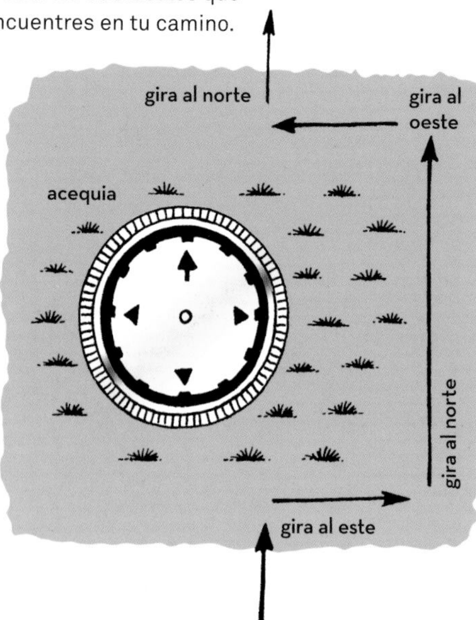

Desvío básico

Este rodeo consiste en tres giros de 90 grados y un cuarto giro para recuperar tu rumbo. Para mayor precisión, cuenta tus pasos cuando estés dando un rodeo.

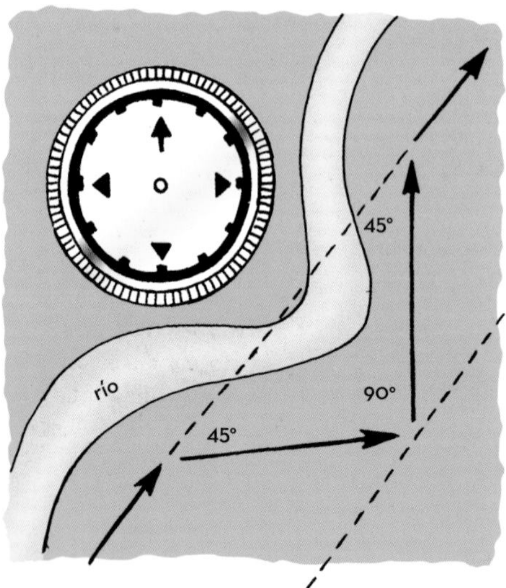

Desvío de 45 y 90 grados

Este desvío consiste en hacer tres giros. Cuenta los pasos para asegurarte de que todos los trayectos tengan la misma longitud.

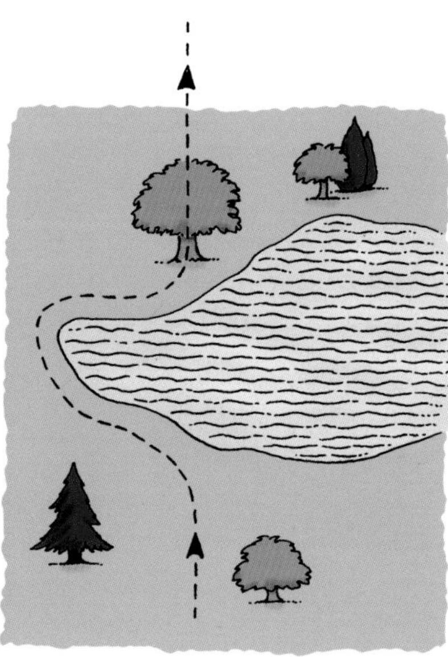

Marcador

Desviarse es fácil si identicas algo más allá del obstáculo que esté en la dirección de tu rumbo. En este caso, rodea el lago hasta llegar al árbol grande.

BEAR DICE

Aprender a desviarse para evitar obstáculos peligrosos puede ahorrar tiempo muy valioso que se puede usar para armar el campamento o preparar comida.

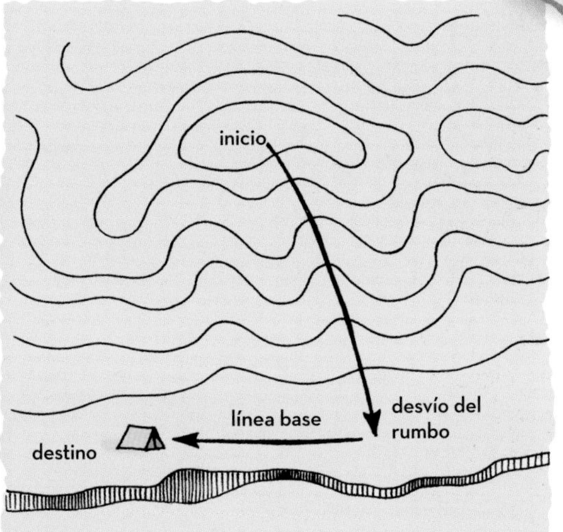

Desvío intencionado

Desvíate a la derecha o la izquiera de tu destino. De esa manera, cuando llegues a la "línea base", como una carretera o un río, sabrás en qué dirección tienes que girar.

Otros tipos de brújulas

Brújula con espejo

Es parecida a la brújula de orientación, salvo que tiene un espejo con bisagras. Esto te permite ver tu destino y tu rumbo a la vez.

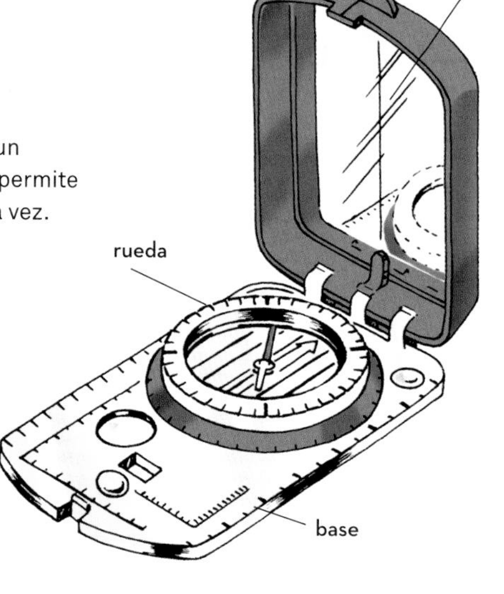

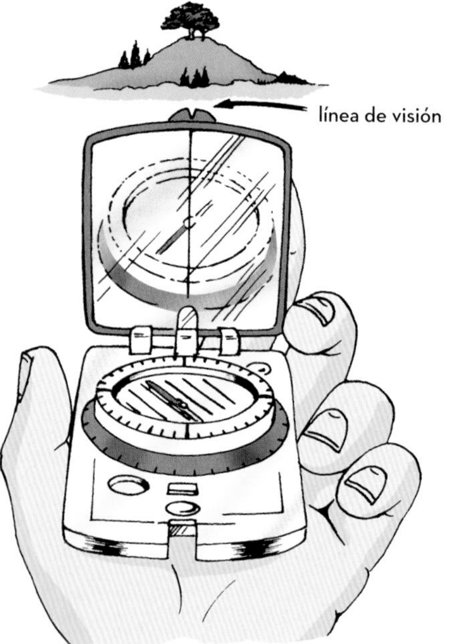

BEAR DICE

Probar varias brújulas no solo es útil, sino también divertido. Cada una tiene sus ventajas.

Brújula lensática

Cuando necesitas hacer una lectura exacta, lo mejor es una brújula lensática. Son las brújulas que usa el ejército. Muchas tienen ruedas con marcas que se iluminan para poder usarlas por la noche.

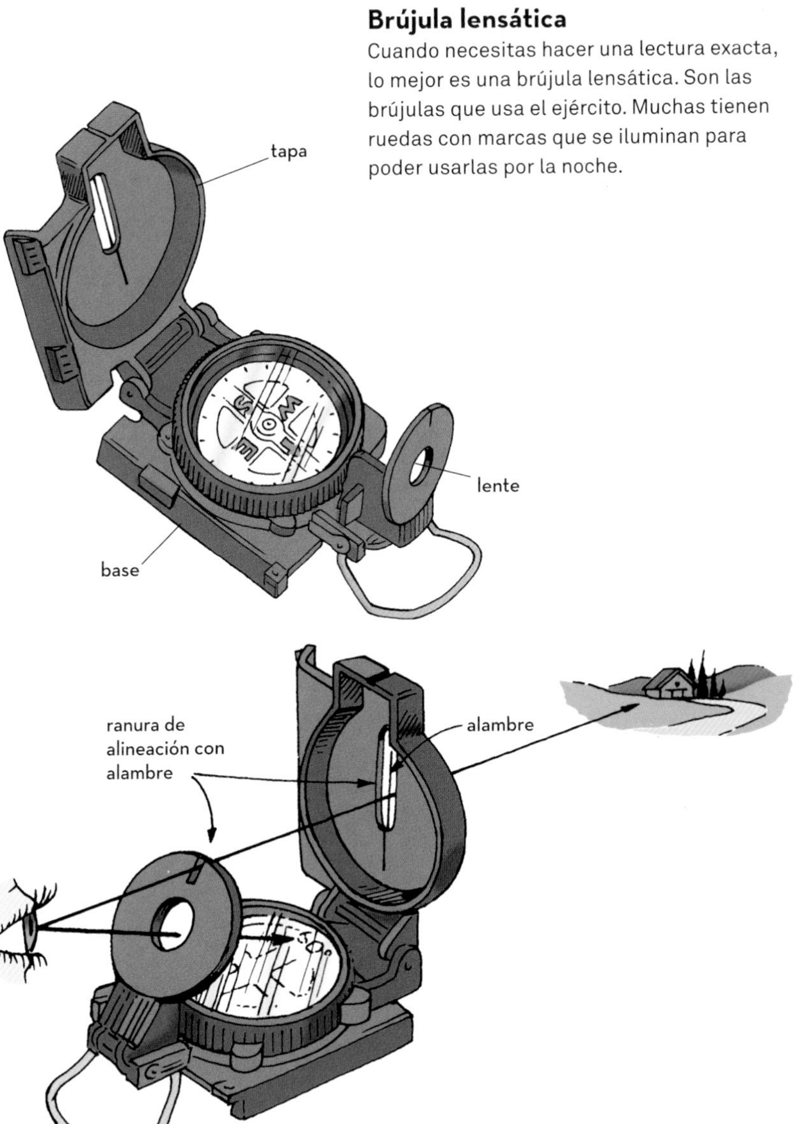

Brújula de pulgar

Estas brújulas se ponen en el pulgar y sirven para orientarse.

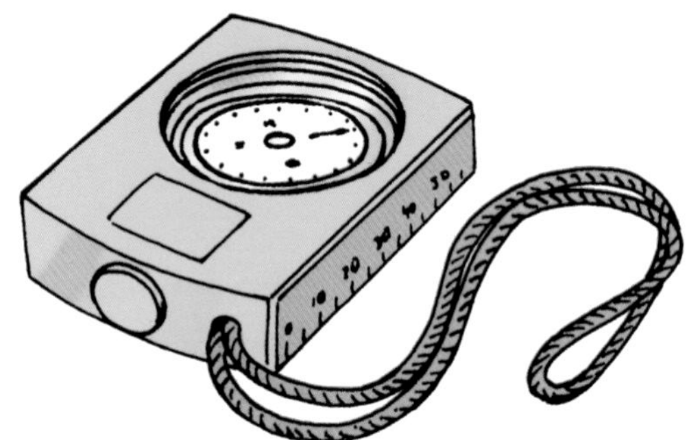

Vista directa

Mira por el ocular para tener un rumbo preciso con un posible error de un grado.

Botón

Una brújula no tiene que ser grande para ser útil. Lleva una pequeña de repuesto.

BEAR DICE

¡Algunos celulares tienen brújula! Pero no puedes depender de la batería del celular y no son una alternativa al equipo adecuado.

Haz tu propia brújula

Aquí tienes algunas maneras sencillas de hacer tu propio aparato magnético.

Magnetiza

Para hacer una brújula, primero tienes que magnetizar una aguja frotándola sobre un imán en la misma dirección. Si la frotas sobre el imán en dirección a la punta de la aguja, la punta indicará el norte.

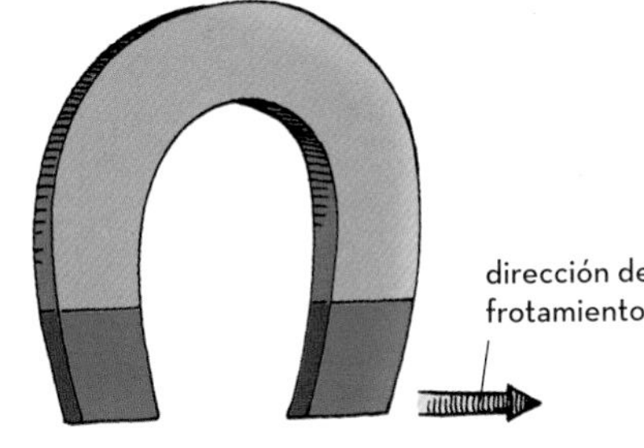

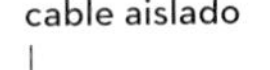

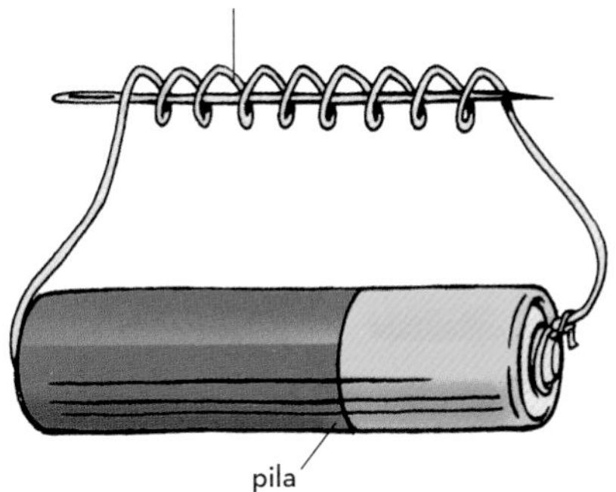

Método de la pila

Como alternativa, puedes magnetizar una aguja enrollando alrededor un cable aislado. Conecta el cable a una pila entre cinco y diez minutos.

Ahora ya lo sabes

Si pones la aguja con cuidado en una taza con agua, la tensión de la superficie hace que flote (un poco de aceite natural de tu cabello ayuda). La punta de la aguja apuntará hacia el norte magnético.

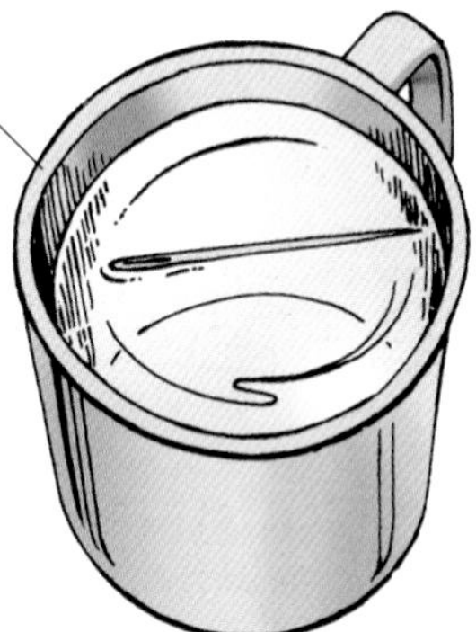

GPS

Los GPS portátiles son de gran ayuda para la navegación y pueden salvarte la vida en condiciones extremas de supervivencia. Sin embargo, no pueden reemplazar a los mapas. Siempre debes llevar una brújula y saber cómo usarla en caso de que tu equipo falle.

Sistema de posicionamiento global

El GPS mide su distancia exacta entre un mínimo de tres satélites espaciales. El punto en el que se cruzan las tres señales se muestra con un punto negro en el dibujo. Este punto representa la posición del GPS en la Tierra.

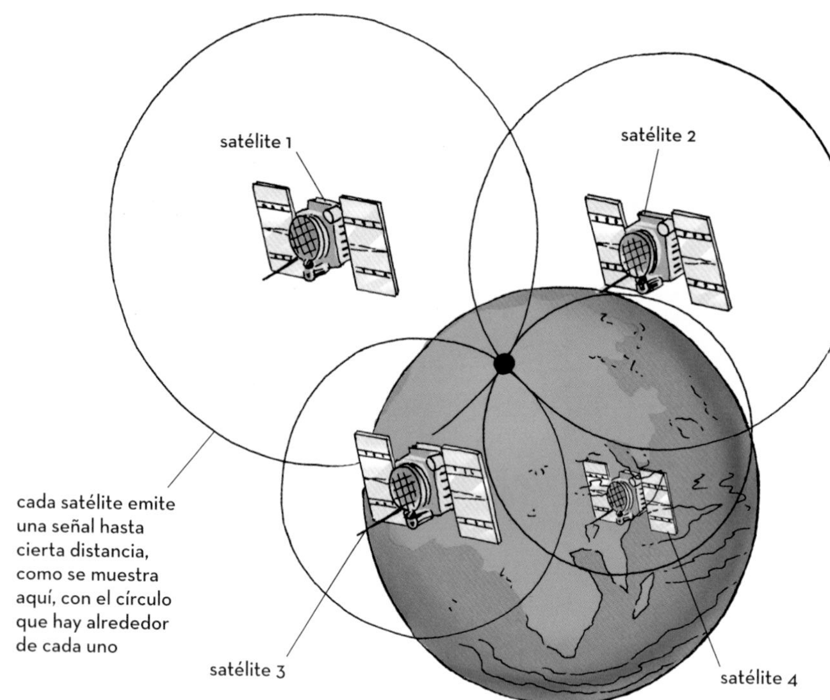

Busca el tesoro

Si te gusta explorar y tienes un GPS, puedes unirte a cientos de personas aficionadas al "geocaching". Esta actividad consiste en seguir una serie de coordinadas para encontrar un recipiente (el tesoro) que está escondido en algún lugar.

BEAR DICE
Hay 24 satélites espaciales y entre todos se consigue una imagen precisa de la Tierra.

Unidad portátil

Un GPS portátil te indica tu ubicación, velocidad y altitud aproximada (altura sobre el nivel del mar o el nivel de la tierra). También te permite seguir tus pasos, llegar a determinados accidentes geográficos y funciona como brújula siempre que te muevas en una dirección. Los modelos más caros tienen mapas incluidos, brújulas electrónicas y barómetros (aparatos que miden la presión atmosférica).

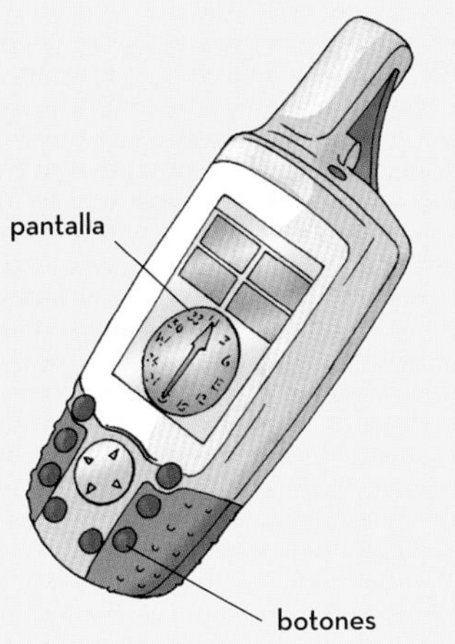

OTRAS FORMAS DE NAVEGAR

Se puede determinar la dirección sin una brújula. El sol, la luna y las estrellas ofrecen mucha información, aunque hay que saber interpretarla. En nuestro planeta puedes buscar otras pistas que te ayudarán a encontrar tu camino.

Navegar bajo el cielo estrellado

Observar el cielo estrellado no solo es bonito, sino que también es muy útil. Los polos celestes Norte y Sur son los puntos en el cielo nocturno que parece que siempre están encima de nosotros. Localizar estos puntos puede ayudarte a encontrar la dirección adecuada. Para encontrar la estrella polar norte (Polaris), primero localiza el grupo de estrellas que forman el Arado u Osa Mayor. Para encontrar la estrella polar sur, primero localiza la constelación Cruz.

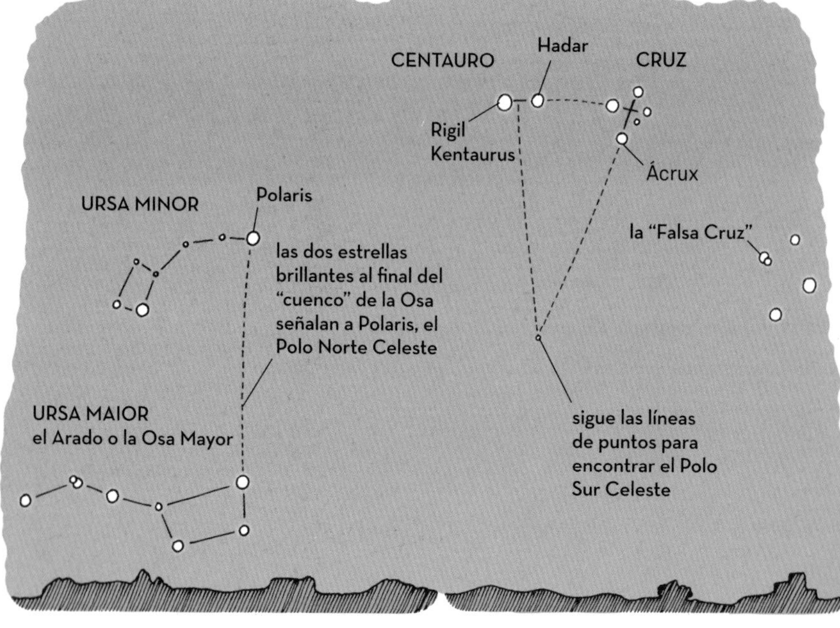

Método lunar

Traza una línea imaginaria que conecte los "cuernos" de la luna creciente y baje hasta el horizonte. Este punto indica el sur aproximado en el hemisferio norte y el norte aproximado en el hemisferio sur.

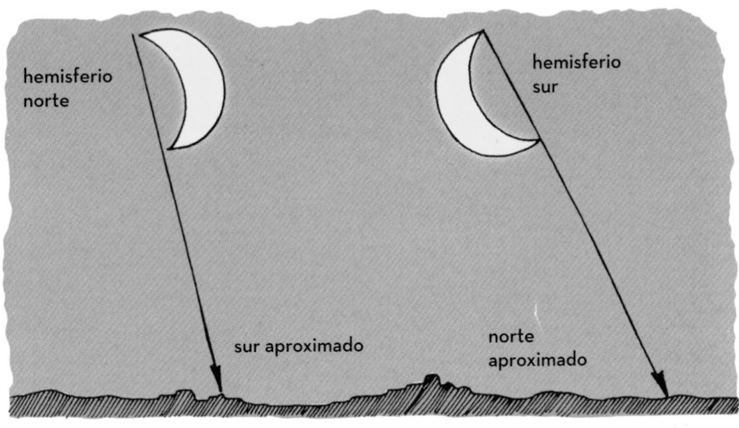

Método del reloj

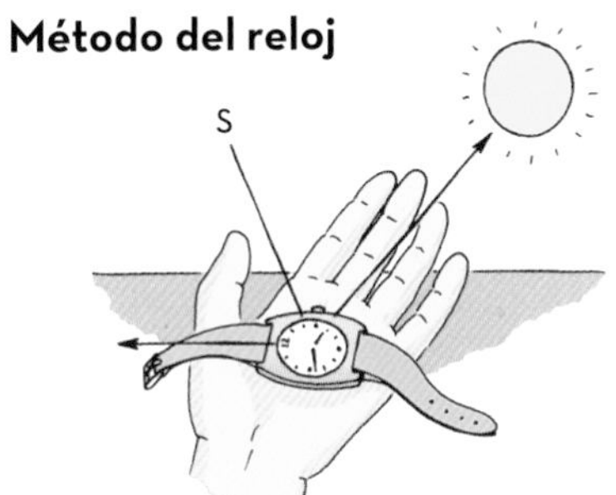

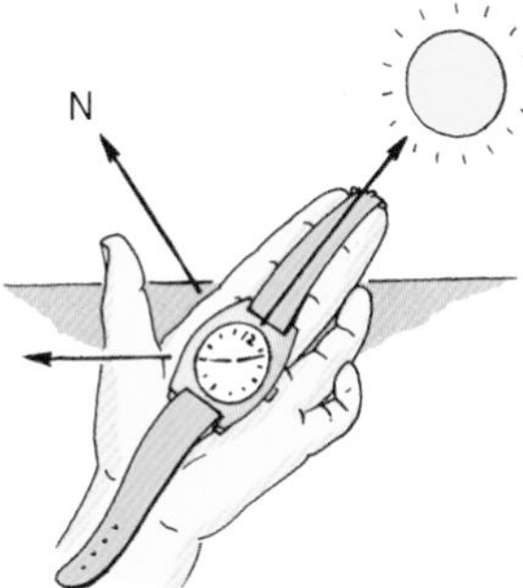

Hemisferio norte

Apunta la manecilla de la hora hacia el sol. Divide por la mitad el ángulo entre la manecilla de la hora y la marca de las 12 para encontrar el sur.

Hemisferio sur

Apunta con la marca de las 12 al sol. Divide por la mitad el ángulo entre la manecilla de la hora y la marca de las 12 para encontrar el norte.

Método de la sombra

El método de la sombra funciona en ambos hemisferios y es más exacto al mediodía.

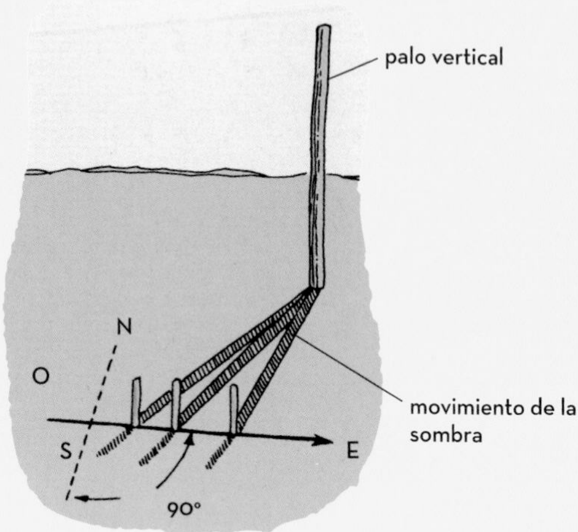

1 Primero, coloca un palo en el suelo en posición vertical. Marca la punta de la sombra que hace el palo con una piedra u otro palo.

2 Espera al menos diez minutos para volver a marcar la punta de la sombra con el segundo marcador.

Durante el día, siempre puedes guiarte por el movimiento para calcular las diferentes direcciones.

3 A medida que el sol se pone en el oeste, las marcas se mueven hacia el este. Une las marcas para crear una línea que va de oeste a este. Dibuja un línea recta a 90 grados de la línea este-oeste. La línea indicará el norte.

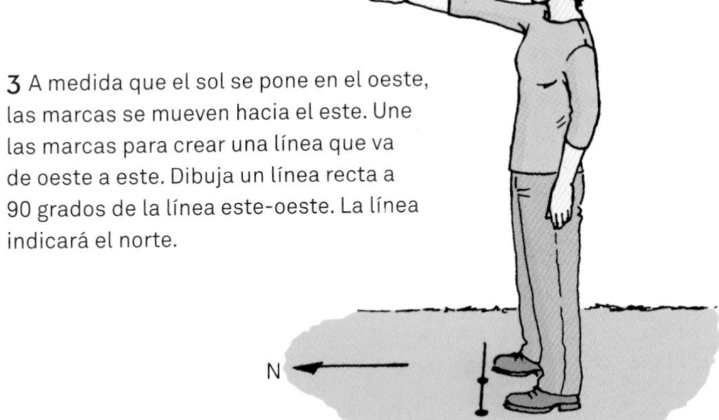

Método del mapa sin brújula

Alínea los puntos de referencia de un mapa con los lugares correspondientes del paisaje. Esto te permitirá determinar la dirección y saber tu posición.

Usar puntos de referencia para determinar su ubicación es fácil de practicar. Sal a pasear con un mapa local o pasea con un adulto e inténtalo.

el punto B del mapa (una colina) está alineado con el punto B del paisaje

el punto A (la iglesia) del mapa está alineado con el punto A del paisaje

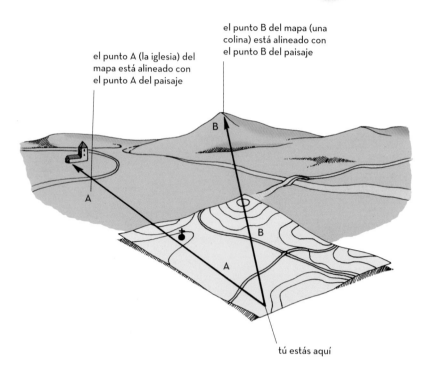

B

A

B

A

tú estás aquí

Método de las estrellas

Este método sencillo se basa en observar las estrellas para determinar tu ubicación.

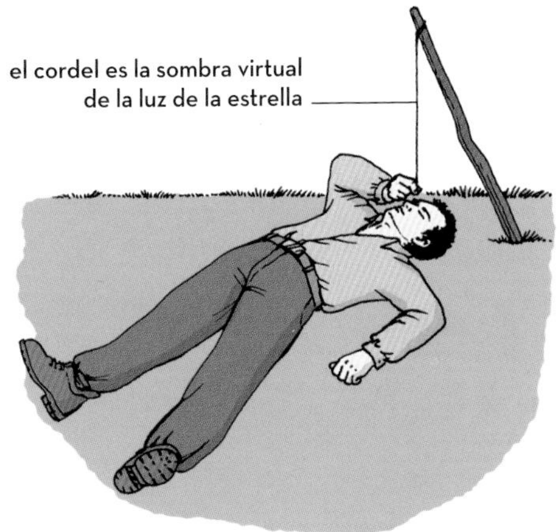
el cordel es la sombra virtual de la luz de la estrella

1 Clava un palo largo en el suelo ligeramente inclinado. Amarra un hilo al extremo del palo. Túmbate boca arriba, coloca el cordel junto a tu sien y alínealo con una estrella que reconozcas.

2 Marca la posición de la estrella en el suelo y después espera un rato para hacer una segunda marca. Al igual que el método de la sombra, la primera marca indica el oeste y la segunda indica el este.

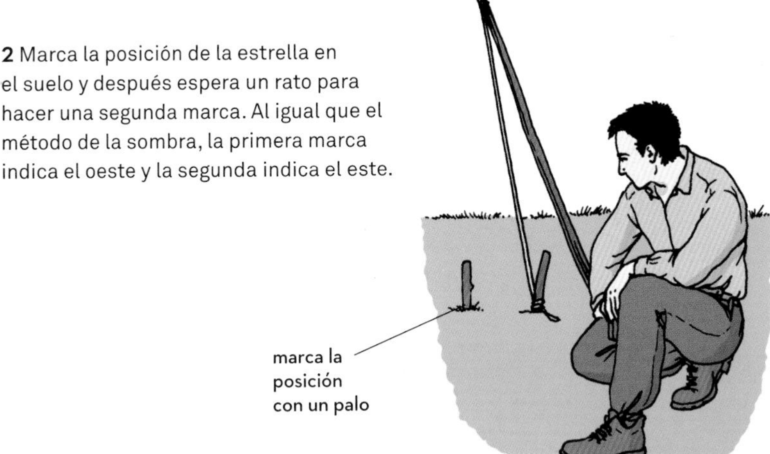
marca la posición con un palo

Pistas en la naturaleza

Nieve

La nieve derretida en un lado de un árbol muestra dónde está el sur en el hemisferio norte.

Cantos rodados glaciares

Estas rocas grandes descansan sobre pedestales de hielo que se erosionan en el lado sur en el hemisferio norte.

Musgo verde

El musgo suele crecer más en la parte del árbol que está a la sombra, que es el norte en el hemisferio norte.

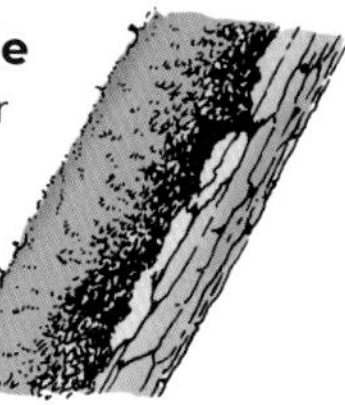

Termitas magnéticas

Las termitas australianas construyen sus montículos alineados de norte a sur para minimizar la exposición al sol.

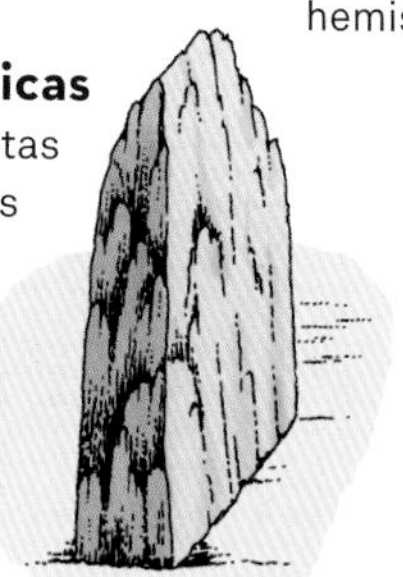

Palma del viajero

Las hojas de esta palma forman un abanico que generalmente está alineado de este a oeste.

Nidos de pájaros

Si estás cerca del agua, busca signos de reproducción de animales, como nidos o huevos de ranas. Las aves acuáticas, los peces y las ranas suelen reproducirse en el lado oeste de un río o lago.

Viento predominante

La dirección más común en la que sopla el viento en una zona determinada se llama viento predominante. El lugar de donde viene el viento trae distintos tipos de tiempo. Por ejemplo, el viento predominante de Gran Bretaña es el suroeste y es parte de la razón por la que allí llueve más que en otros países.

Telarañas

¿Sabes en qué dirección suele soplar el viento? Las arañas sí lo saben y orientan sus telarañas de lado al viento predominante..

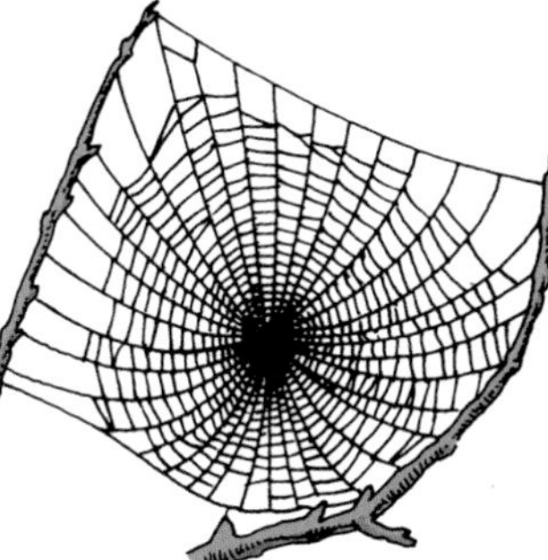

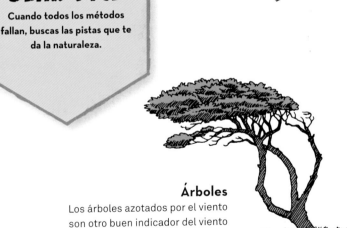

BEAR DICE

Cuando todos los métodos fallan, buscas las pistas que te da la naturaleza.

Árboles

Los árboles azotados por el viento son otro buen indicador del viento predominante, y te muestran el camino si conoces el tiempo local.

NUDOS

La gente lleva años utilizando los nudos que salen en este libro y siguen siendo igual de útiles que antes. Al principio se usaban para construir refugios, tejer, pescar y amarrar animales. Aunque lleva tiempo dominar este antiguo arte, cuando consigues hacer un nudo difícil y lo pones en práctica te das cuenta de lo emocionante que es.

Bear

EN ESTA SECCIÓN:

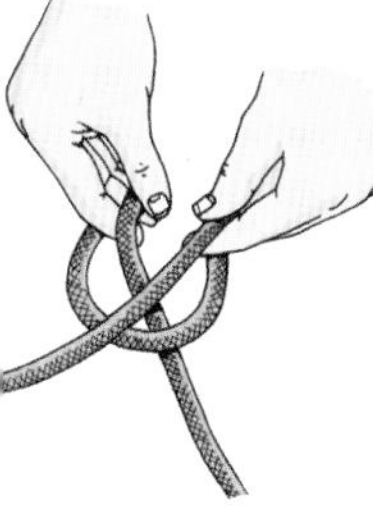

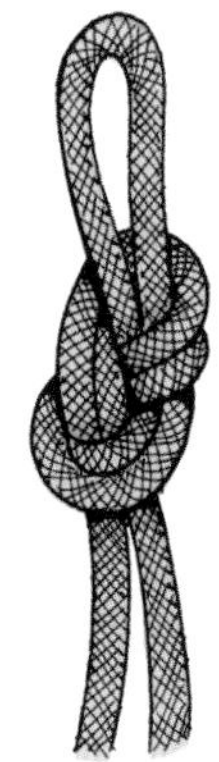

¡DESCUBRE LOS NUDOS!

Un conocimiento sólido de las cuerdas y los nudos es fundamental para escaladores y montañeros, pero también es útil en la vida cotidiana. Es difícil y lleva tiempo dominar el arte de los nudos, ¡pero es muy gratificante cuando ves el resultado de tus destrezas!

Tipos de cuerdas

Las cuerdas estáticas no se estiran, mientras que las cuerdas dinámicas tienen cierta elasticidad si la carga que sostienen cae repentinamente.

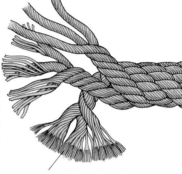

Cuerda trenzada

Esta cuerda se usa en muchas actividades al aire libre. Tiene tres o más hebras trenzadas una alrededor de la otra.

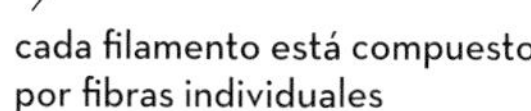
cada filamento está compuesto por fibras individuales

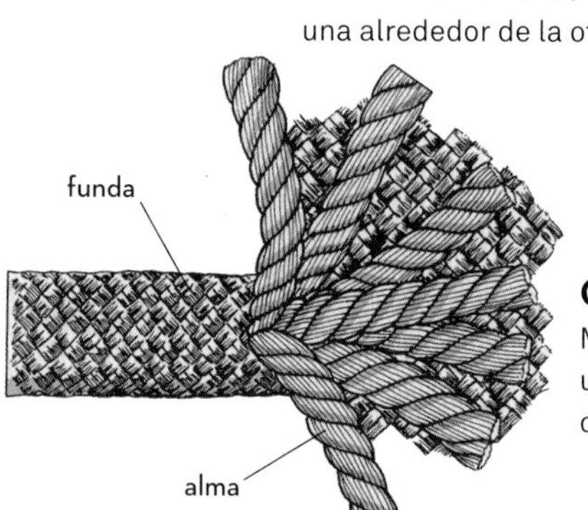

Cuerda de montañismo

Muchas cuerdas de montañismo tienen una funda protectora que cubre las fibras del alma.

Cuerdas dañadas

La funda de las cuerdas de montañismo puede impedir que se vea el alma dañada. Un bulto en el alma o una raja en la funda indican que hay que reemplazarla.

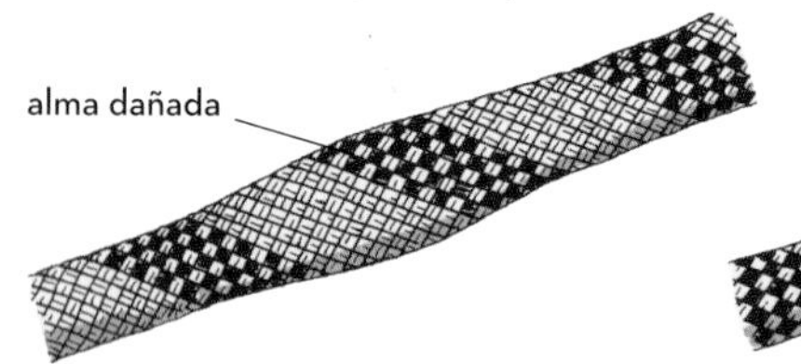

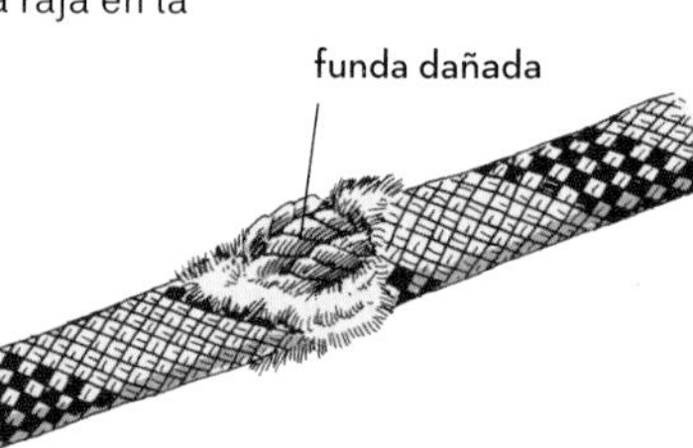

Aprende los términos

Vuelta	La forma en U que tiene la cuerda al colgarla sobre un objeto.
Vuelta redonda	Cuando la cuerda forma un círculo y medio alrededor de un objeto.
Vuelta mordida	Cuando se pasa una cuerda por encima de un objeto, después por debajo o por debajo y por encima de sí misma.
Ballestrinque	El ballestrinque consiste en conectar dos vueltas mordidas, una al lado de la otra.
Firme	El firme de una cuerda es la parte central que queda entre los dos extremos.
Vuelta por arriba	Cuando se hace un círculo con una cuerda y el extremo que se trabaja acaba en la parte de arriba del círculo.
Vuelta por abajo	Cuando se hace un círculo con una cuerda y el extremo que se trabaja acaba en la parte de abajo del círculo.
Chicote	El extremo de la cuerda con la que se hace un nudo. En un nudo, el chicote suele ser lo que queda colgando.
Bucle	El bucle es la forma en U que hace la cuerda al hacer un nudo.

Cómo transportar una cuerda

1 Junta los dos extremos de la cuerda. Mide dos brazadas, luego haz bucles con el resto de la cuerda en longitudes de doble brazada sobre las rodillas o alrededor de los hombros. Esta es la parte que llevarás en la espalda.

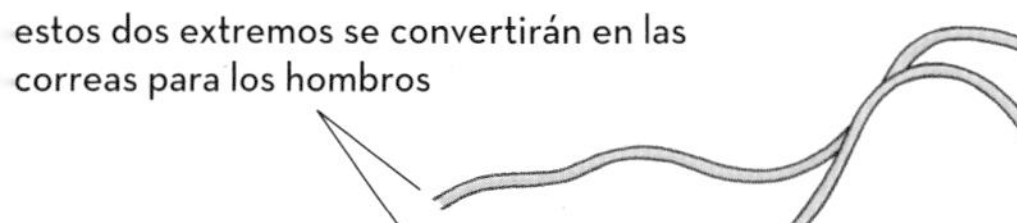
estos dos extremos se convertirán en las correas para los hombros

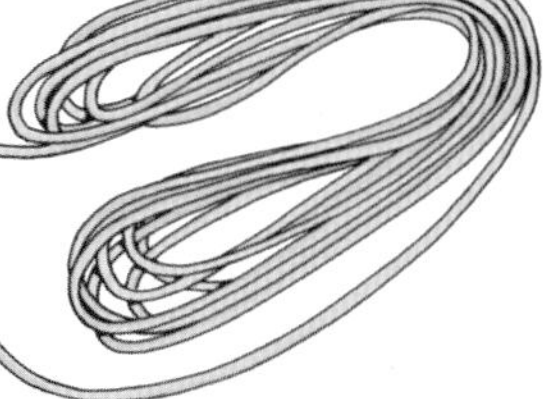

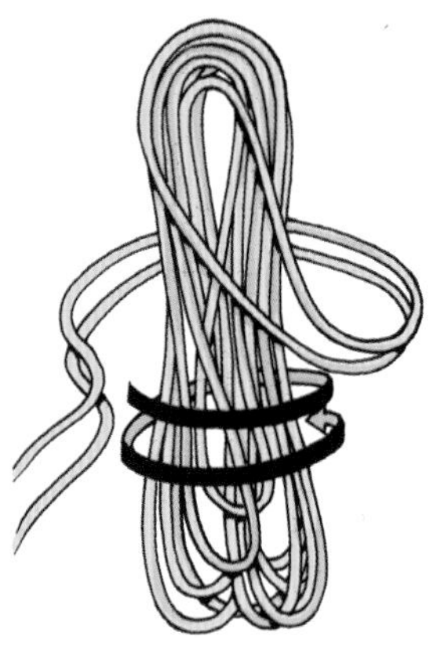

2 Enrolla fuerte los dos extremos de la cuerda alrededor del firme.

3 Pasa un bucle de cuerda por dentro del bucle superior.

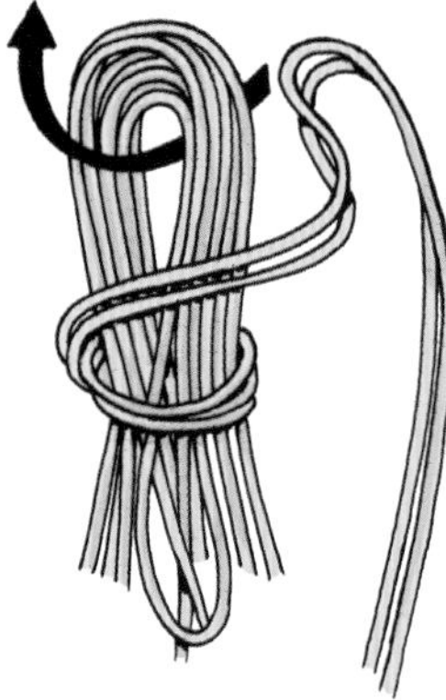

4 Pasa los extremos por el bucle.

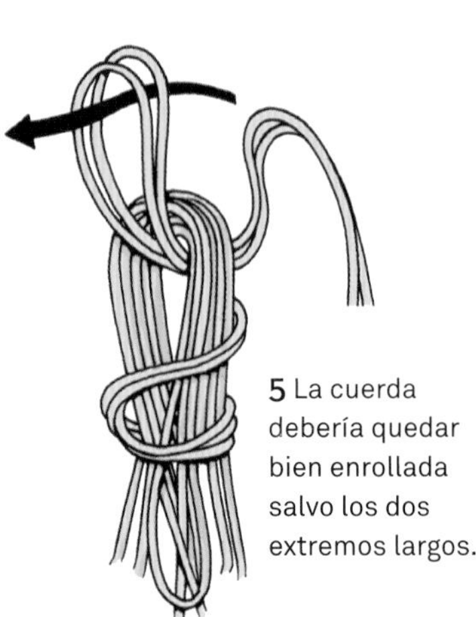

5 La cuerda debería quedar bien enrollada salvo los dos extremos largos.

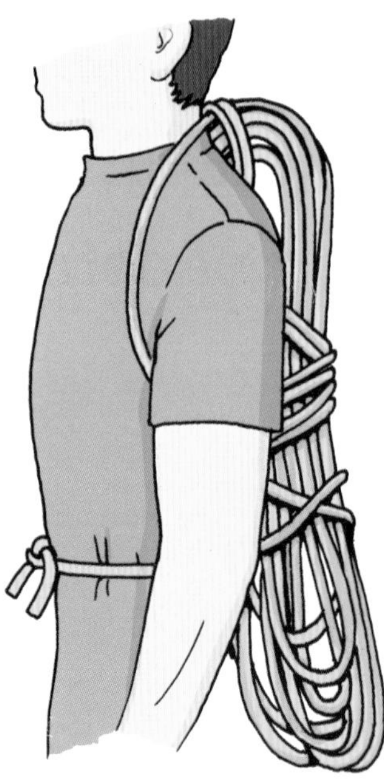

6 Pasa los extremos largos por encima de los hombros, después por la espalda y amárralos delante del estómago.

NUDO DEL PULGAR

El nudo del pulgar es una de las maneras más rápidas de hacer un lazo en una cuerda y permite asegurar la cuerda a un mosquetón rápidamente. Sin embargo, este nudo puede quedar muy apretado y es difícil de deshacer, por lo que no siempre es la mejor opción.

El nudo del pulgar es un bucle cerrado que se ata sobre sí mismo o en el extremo de una cuerda.

mete el bucle en la dirección de la flecha
cuerda de arrastre

1 Une los extremos de la cuerda. Pon el bucle encima de la parte de arriba de la cuerda de arrastre.

2 Mete el bucle por el agujero.

3 Pon el lazo en un mosquetón (gancho de metal con apertura de resorte).

BEAR DICE

Este nudo permite una sujeción rápida a una estación de aseguramiento (un punto en la cuerda del que se puede colgar un escalador para bajar a su compañero).

NUDO DE OCHO

Aunque es un nudo voluminoso, es una de las maneras más seguras de hacer un lazo en una cuerda y tiene muchos usos.

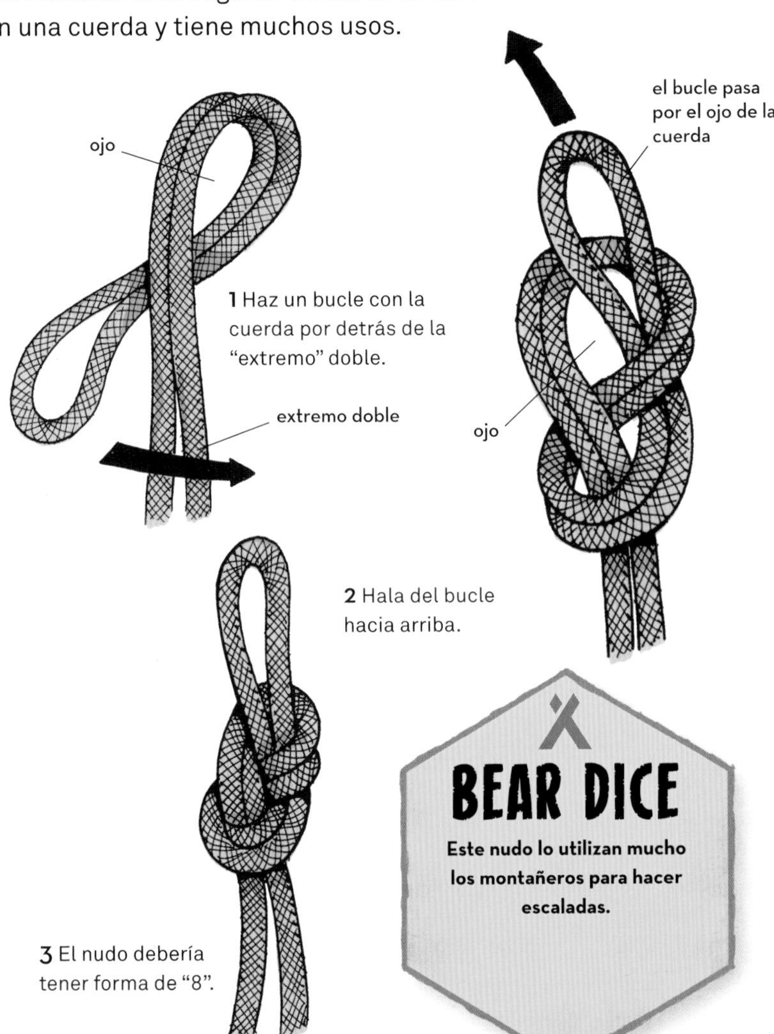

ojo
1 Haz un bucle con la cuerda por detrás de la "extremo" doble.
extremo doble
el bucle pasa por el ojo de la cuerda
ojo
2 Hala del bucle hacia arriba.
3 El nudo debería tener forma de "8".

BEAR DICE

Este nudo lo utilizan mucho los montañeros para hacer escaladas.

NUDO DE OCHO TRENZADO

Este nudo se parece al nudo de ocho, pero además te permite amarrarte a un punto fijo, como un arnés o una atadura. Se hace en dos partes.

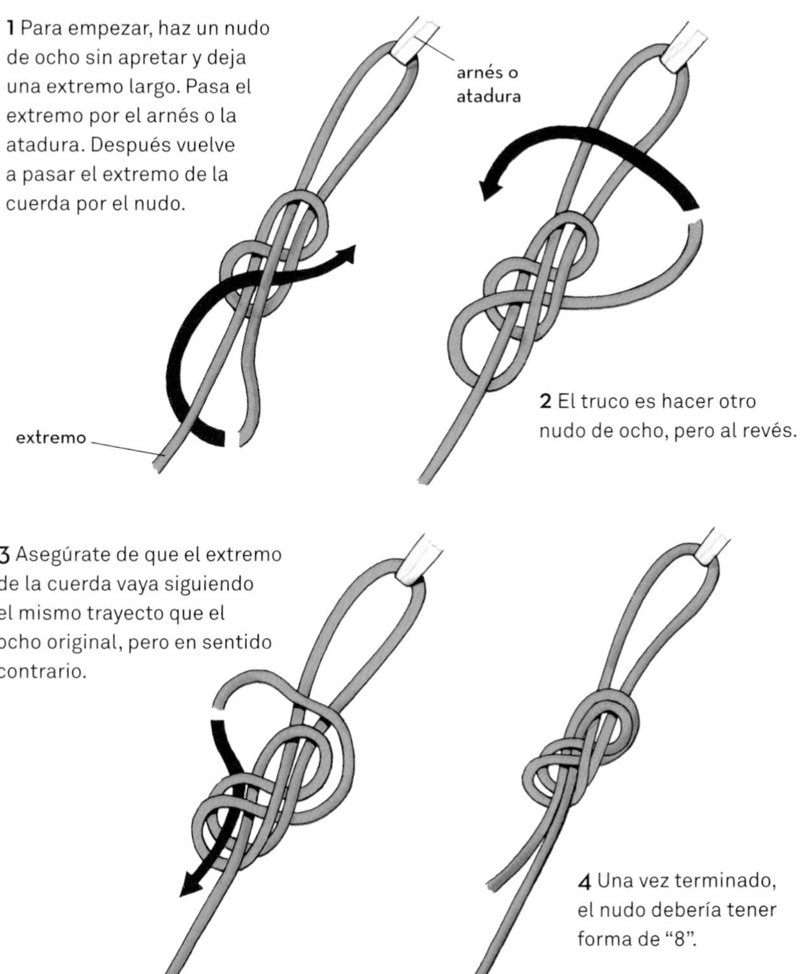

1 Para empezar, haz un nudo de ocho sin apretar y deja una extremo largo. Pasa el extremo por el arnés o la atadura. Después vuelve a pasar el extremo de la cuerda por el nudo.

2 El truco es hacer otro nudo de ocho, pero al revés.

3 Asegúrate de que el extremo de la cuerda vaya siguiendo el mismo trayecto que el ocho original, pero en sentido contrario.

4 Una vez terminado, el nudo debería tener forma de “8”.

NUDO DE ENCAPILLAR

Este nudo se usa para “encapillar”, hacer arreglos temporales, en el mástil de un barco si falla el aparejo. Los cabos que sostienen el mástil en posición vertical se atan a los tres lazos ajustables del nudo. El nudo de encapillar también se puede usar para sujetar una carpa o un asta de bandera, siempre que haya algo que impida que el nudo se deslice hacia abajo.

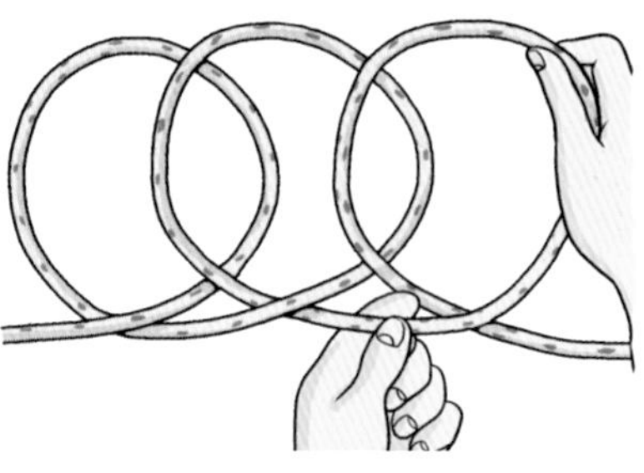

Además de ser práctico, este nudo es muy bonito. Se puede coser a un saco o a la manga de una chaqueta como decoración.

1 De izquierda a derecha, haz tres vueltas por abajo. El lado izquierdo de la segunda y la tercera vuelta deben quedar por encima del lado derecho de la primera y la segunda vuelta.

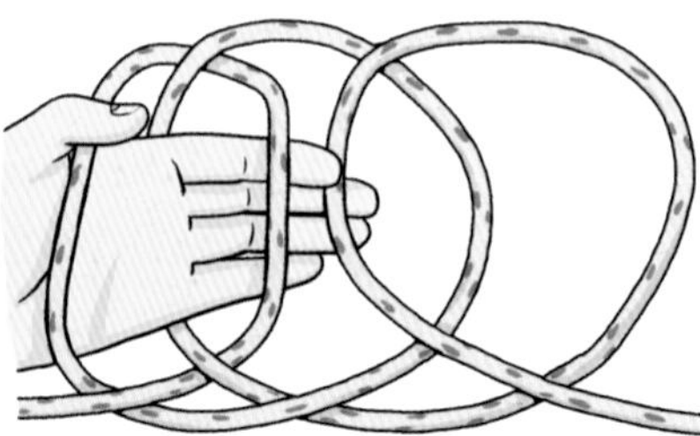

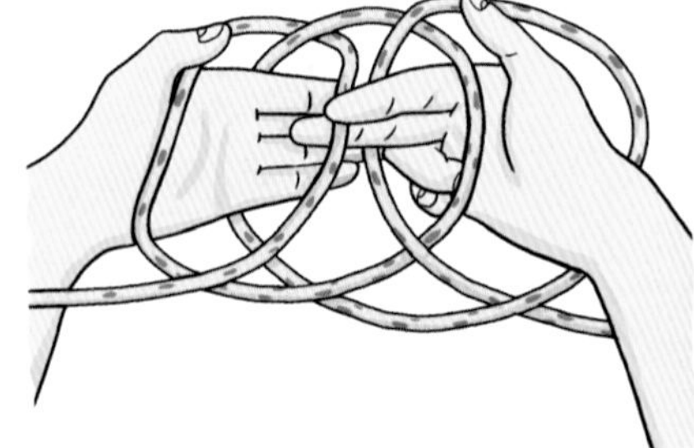

2 Mete la mano izquierda por debajo del lado izquierdo de la primera vuelta, por encima del lado izquierdo de la segunda vuelta, por debajo del lado derecho de la primera vuelta y sujeta el lado izquierdo de la tercera vuelta.

3 Mete la mano derecha por encima del lado derecho de la tercera vuelta, por debajo del lado derecho de la segunda, por encima del lado izquierdo de la tercera y sujeta el lado derecho de la primera vuelta.

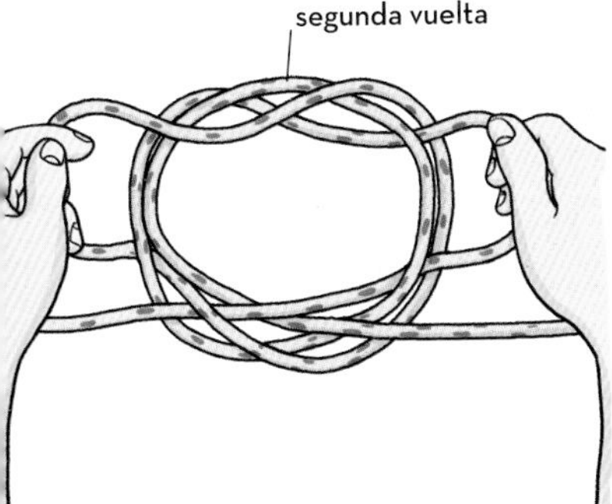

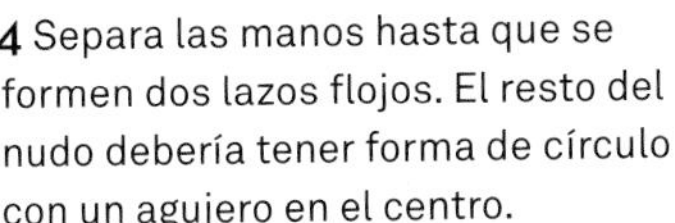

4 Separa las manos hasta que se formen dos lazos flojos. El resto del nudo debería tener forma de círculo con un agujero en el centro.

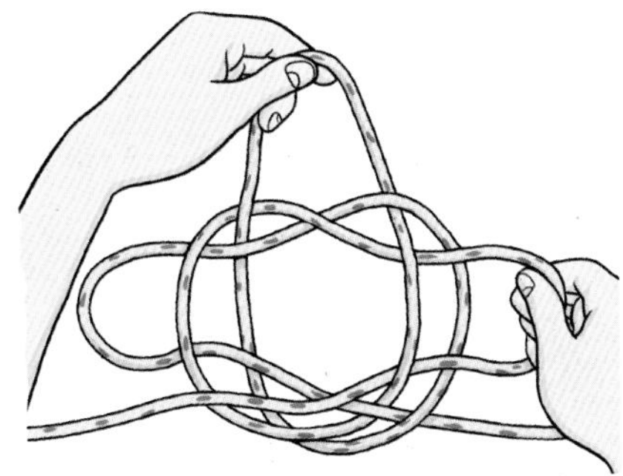

5 La segunda vuelta sigue estando en la parte circular del nudo. Hala con cuidado de la parte de arriba de la tercera vuelta para formar un tercer lazo. Ajusta el nudo para que los tres lazos sean del mismo tamaño.

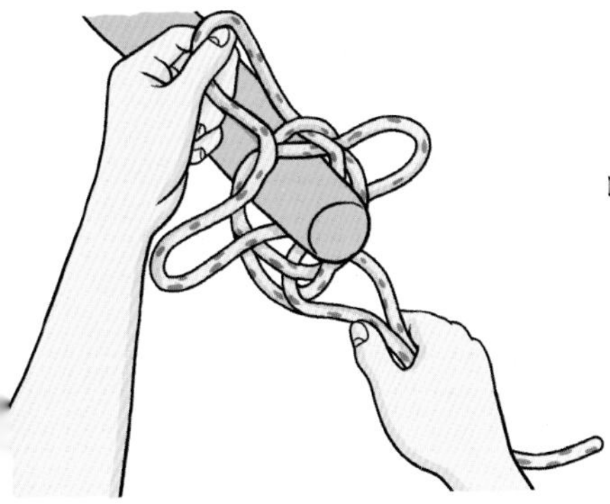

6 Mete el nudo por el extremo de un palo y ajústalo para que quede apretado. Ata los dos extremos alrededor del palo. En los tres lazos que quedan se pueden amarrar los cabos o cables del mastil.

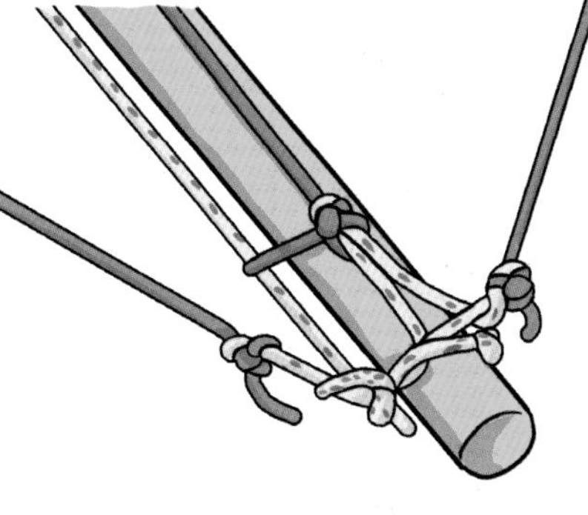

7 Los cabos o cables del mastil se pueden atar al nudo de encapillar con nudos dobles.

NUDO PERFECCIÓN

El nudo perfección sirve para hacer un lazo fijo en el extremo de una cuerda. Este nudo es muy difícil o imposible de deshacer, con lo que solo se debe usar cuando se pueda cortar el trozo de cuerda una vez que no haga falta.

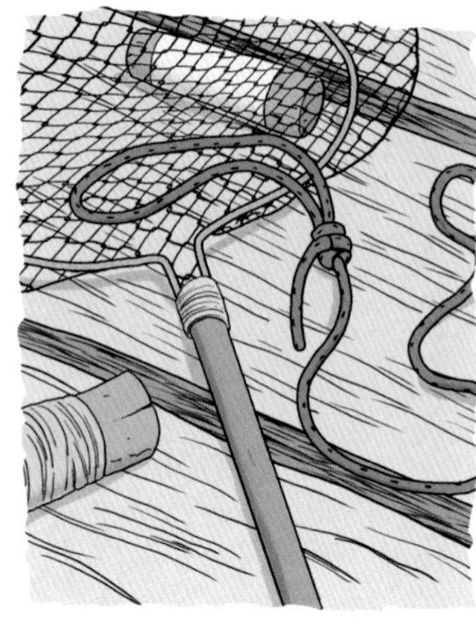

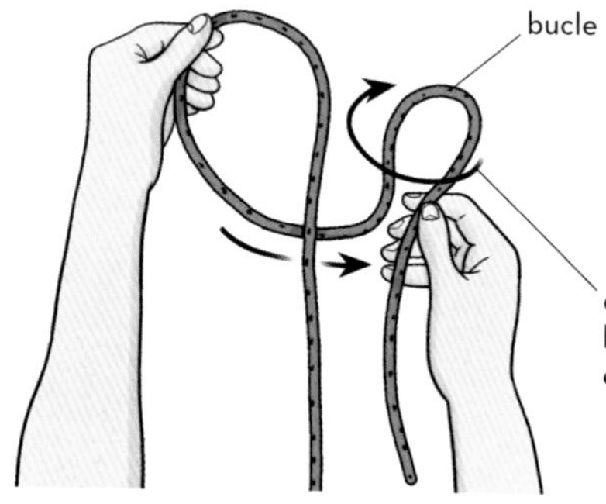

1 Empieza con un chicote que sea dos veces la longitud del lazo que quieras hacer. Haz una vuelta por debajo y forma un bucle en el extremo que vas a trabajar.

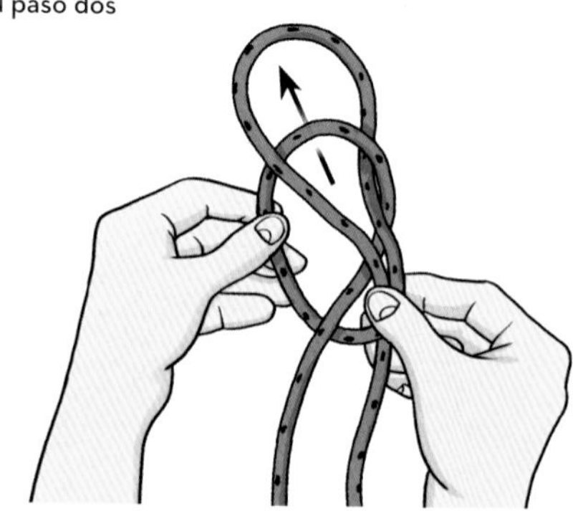

2 Rota el bucle de derecha a izquierda. Después pásalo por dentro de la vuelta de delante a atrás. El bucle se convertirá en un lazo.

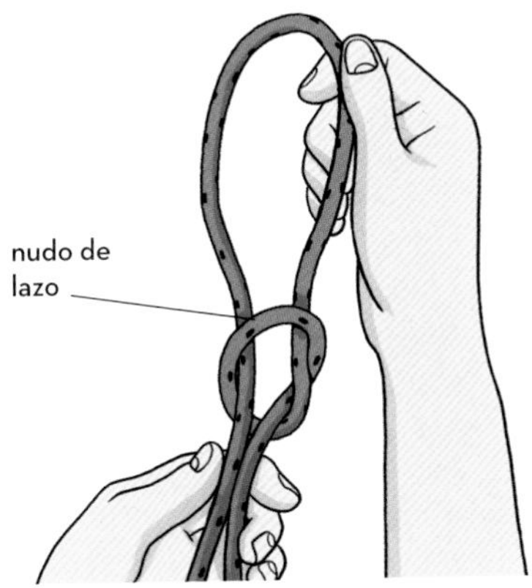

3 Si el chicote queda muy largo, hala un poco de la cuerda desde el bucle y ajústala por la vuelta y el firme.

4 Pasa el chicote por detrás del firme, cerca la parte inferior de la vuelta.

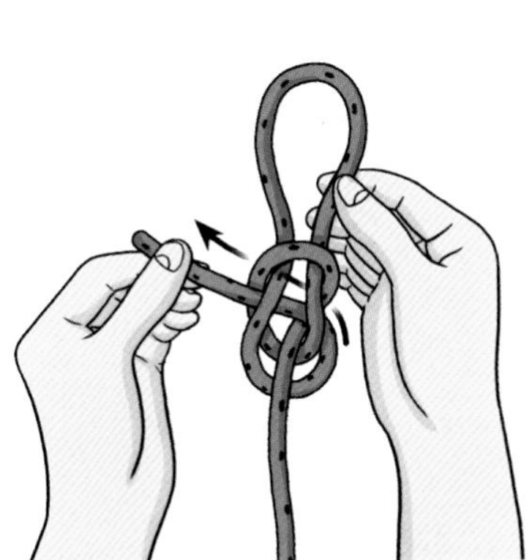

5 Mete el chicote por debajo de los dos extremos del bucle, de derecha a izquierda.

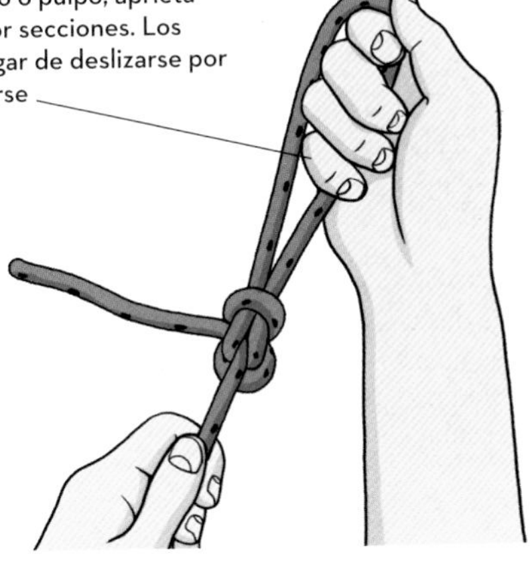

Si usas un cordón elástico o pulpo, aprieta
el nudo con los dedos por secciones. Los
cordones elásticos en lugar de deslizarse por
el nudo, tienden a estirarse

6 Aprieta el nudo tirando de la parte de arriba del bucle y del firme. Hala con fuerza del bucle y del firme, sobre todo si usas un cordón elástico.

NUDO PARA BOTELLA

Con este uso se hace un asa para llevar una botella. Se puede usar para colgar botellas desde un barco y meterlas en el agua para que se enfríen. Para este ejemplo hacen falta 5 pies de cuerda.

Los amarres son nudos que se hacen para amarrar una cuerda a distintos objetos.

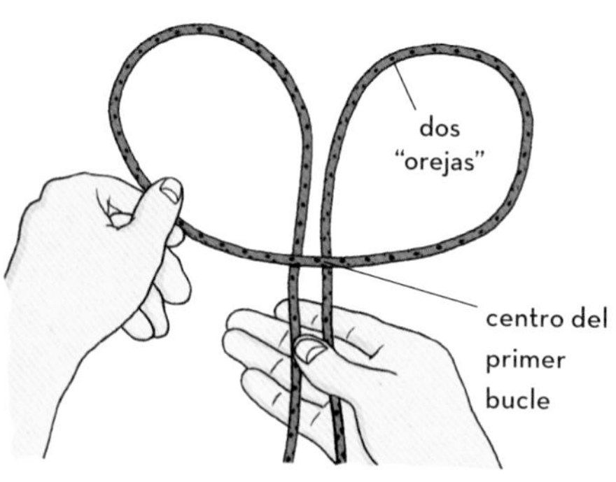

1 Dobla la cuerda por la mitad sobre una mesa y haz un bucle. Pon el bucle encima del firme, como se muestra en la imagen, para formar dos "orejas" del mismo tamaño.

2 Pon la oreja derecha un poco por encima de la izquierda. El centro del primer bucle debería seguir por debajo de la interseccción de las dos orejas.

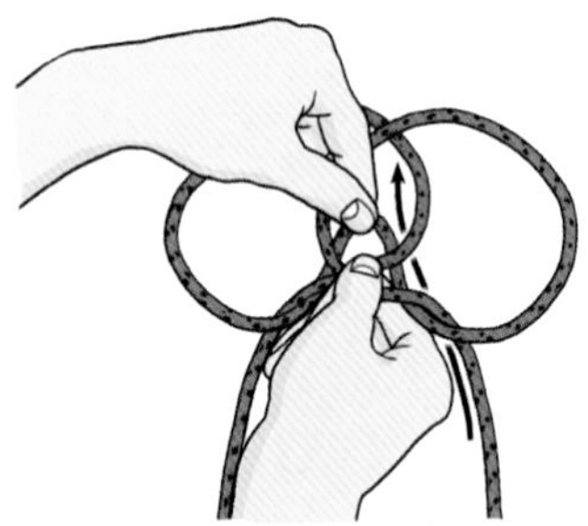

3 Con la cuerda en la mesa, mete el centro del primer bucle por debajo de la intersección de las orejas.

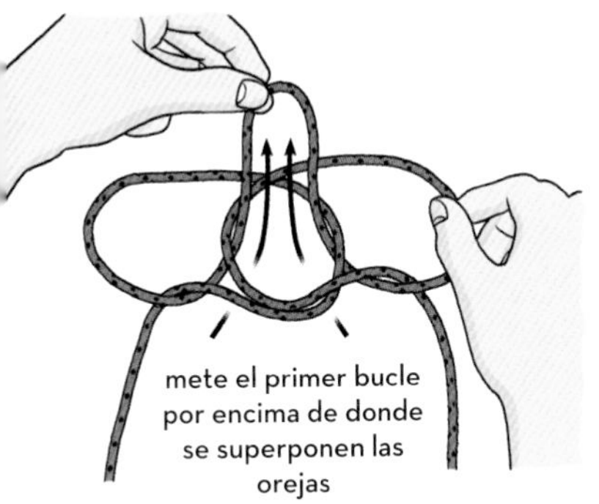
mete el primer bucle
por encima de donde
se superponen las
orejas

asegúrate de
que aquí queda
un agujero para
la botella

4 Ahora haz un nuevo bucle en la parte de arriba, pasando el centro del primer bucle por encima de donde se superponen las orejas.

5 Con las dos manos, gira las orejas y la parte del centro al mismo tiempo, alejando de ti la parte superior. La parte de arriba de las orejas ahora está en la parte de abajo del nudo.

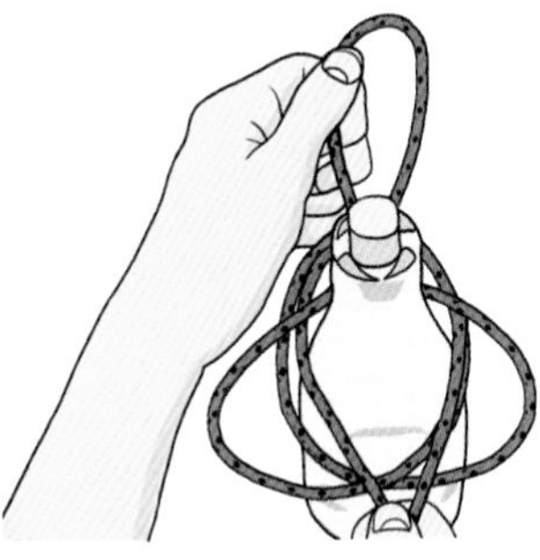

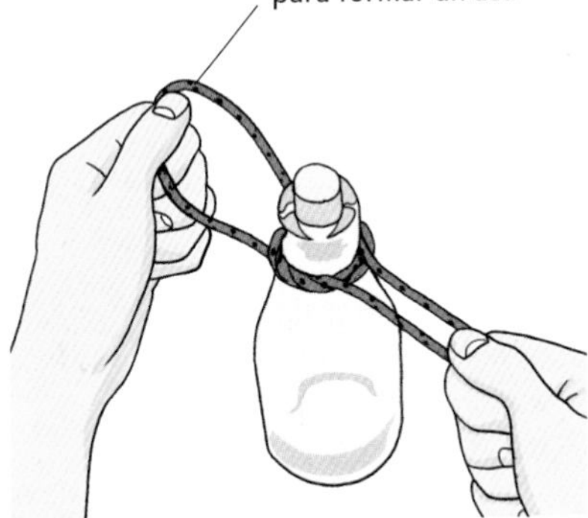
los extremos se
pueden atar al bucle
para formar un asa

6 Levanta el nudo con cuidado y mete el agujero en el cuello de una botella. Aprieta tirando del bucle superior y de los dos extremos.

7 Aprieta el nudo en el cuello de la botella. Puedes atar los extremos para hacer una segunda asa con un nudo de ocho o de pescador.

NUDO DE ANCLA

El nudo de ancla o de pescador es bastante seguro. Se suele terminar añadiendo una vuelta mordida. Sirve para sujetar un cordón elástico. La "vuelta redonda y dos vueltas mordidas", no sirven para sujetar una cuerda elástica.

Los empalmes son nudos que se usan para amarrar dos cuerdas.

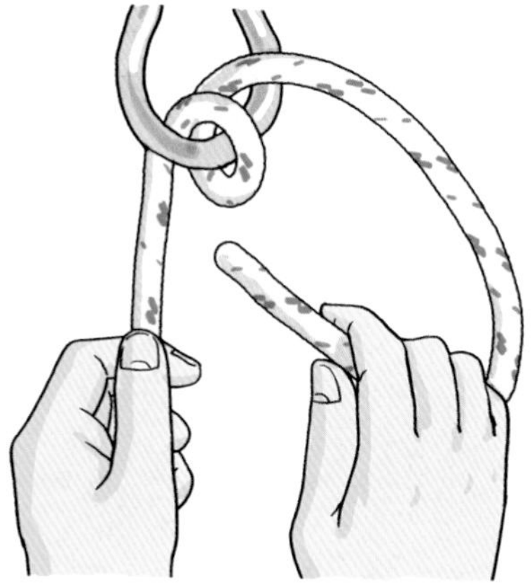

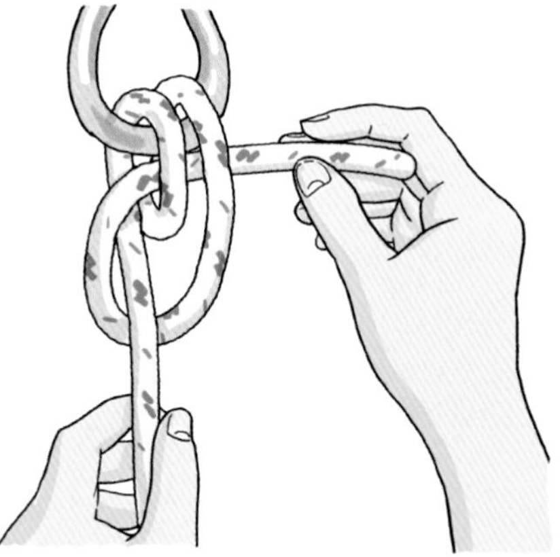

1 Haz una vuelta redonda en una anilla, de detrás adelante y de izquierda a derecha. Todavía no hales de la vuelta, ya que antes tiene que pasar por ahí el chicote.

2 Pasa el chicote por detrás y por la izquierda del firme, después pásalo por delante y mételo hacia la derecha entre los dos partes de la vuelta redonda.

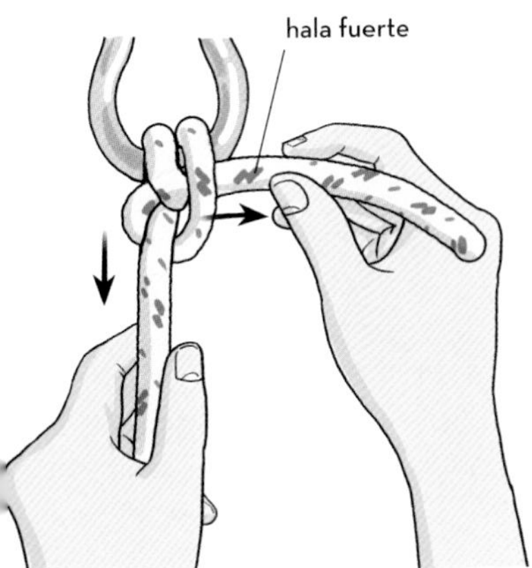

3 Hala del chicote y el firme a la vez para apretar el nudo alrededor de la vuelta. Así se completa el nudo de ancla, aunque normalmente se añade otra media vuelta.

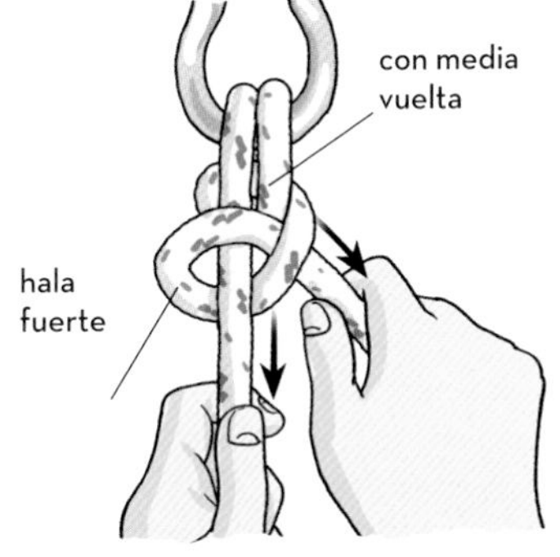

4 Vuelve a pasar el chicote por detrás del firme, por delante y por debajo de sí mismo. Hala del chicote todo lo fuerte que puedas.

Vuelta redonda y dos vueltas mordidas

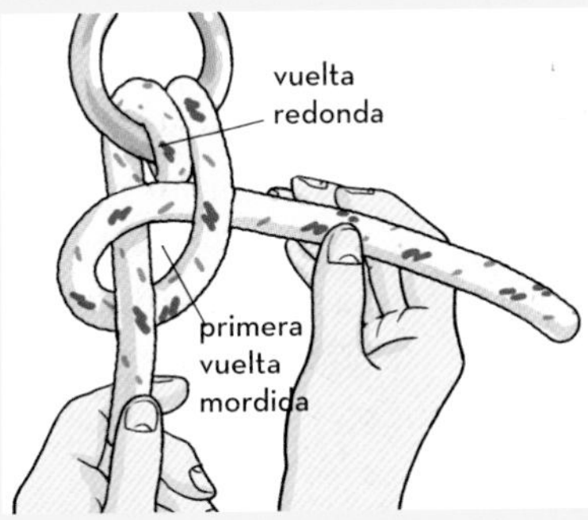

1 Haz una vuelta redonda en una anilla, igual que en el paso 1. Pasa el chicote por detrás del firme, por delante y por debajo de sí mismo para hacer la primera vuelta mordida. Hala fuerte.

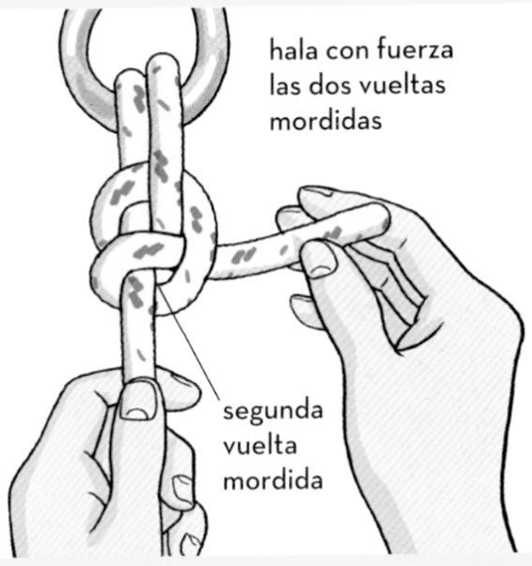

2 Pasa el chicote por detrás del firme y después por delante para hacer la segunda vuelta mordida.

NUDO DOBLE DE PESCADOR

Este es uno de los mejores nudos para atar dos cuerdas y es muy útil en descensos largos. Para empezar, pon 3 pies del extremo de dos cuerdas, una al lado de otra, con los extremos en dirección opuesta.

1 Enrolla dos veces el extremo de una de las cuerdas alrededor de la otra y pasa el chicote por los bucles, en sentido contrario al centro del nudo. Haz lo mismo con la otra cuerda.

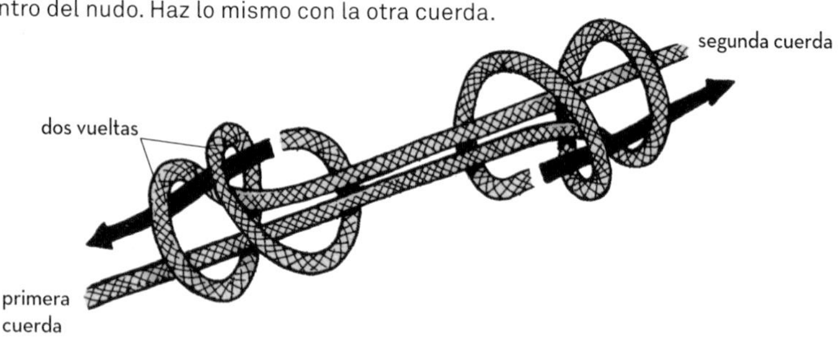
segunda cuerda
dos vueltas
primera cuerda

2 Deberías tener dos formas en "x", que se tensan al halar de cada cuerda.

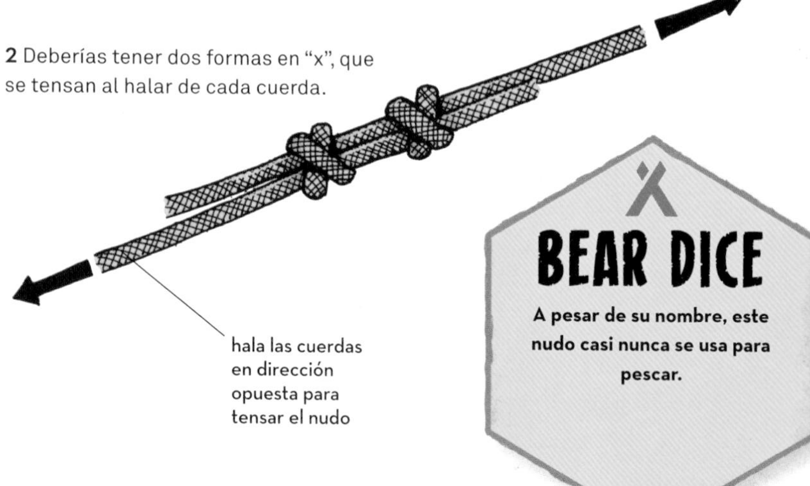
hala las cuerdas en dirección opuesta para tensar el nudo

BEAR DICE

A pesar de su nombre, este nudo casi nunca se usa para pescar.

NUDO PRÚSICO

El nudo prúsico es excelente para atar peso a una cuerda. Se desliza arriba y abajo si no tiene peso, pero no se mueve cuando se ejerce fuerza hacia abajo. Se pueden usar dos nudos prúsicos (uno para los pies y otro en el arnés) para subir por una cuerda.

Para unir una cuerda que soporta peso a un objeto se usan enganches. Es importante elegir bien el enganche para que no se deshaga el nudo.

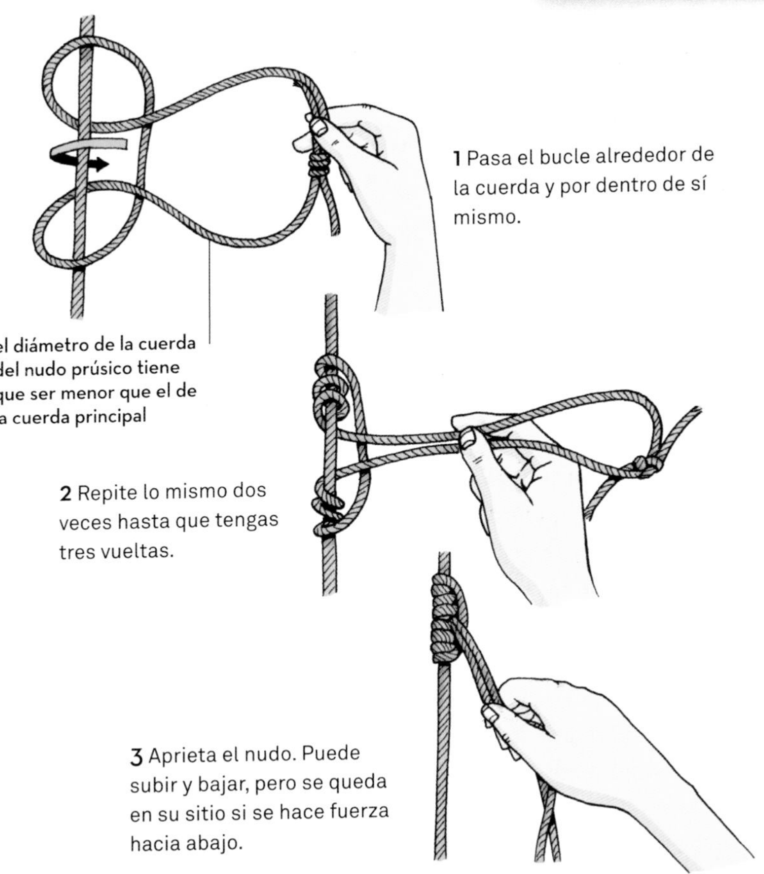

el diámetro de la cuerda del nudo prúsico tiene que ser menor que el de la cuerda principal

1 Pasa el bucle alrededor de la cuerda y por dentro de sí mismo.

2 Repite lo mismo dos veces hasta que tengas tres vueltas.

3 Aprieta el nudo. Puede subir y bajar, pero se queda en su sitio si se hace fuerza hacia abajo.

BALLESTRINQUE

El ballestrinque es un nudo rápido que sirve para atar una cuerda a un poste o un mosquetón. Se desliza sobre una superficie lisa. La carga se puede aplicar en cualquier extremo de la cuerda. Los pasos uno y dos muestran cómo se hace un ballestrinque con el chicote de la cuerda. Hay un método alternativo para hacer el ballestrinque en cualquier sección del firme de la cuerda.

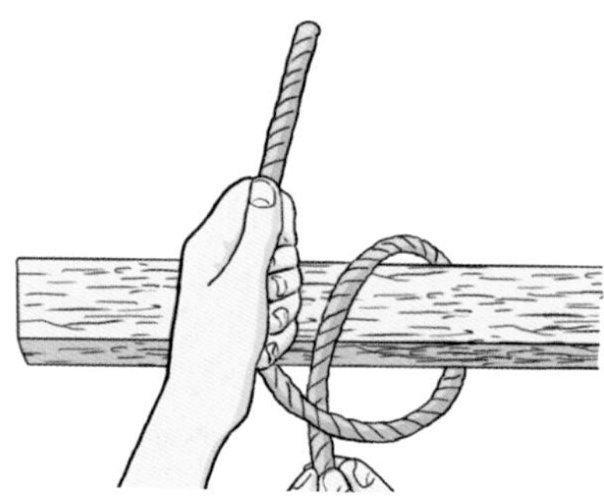

1 Pasa el extremo de la cuerda por encima y después por debajo del poste y por encima de sí mismo.

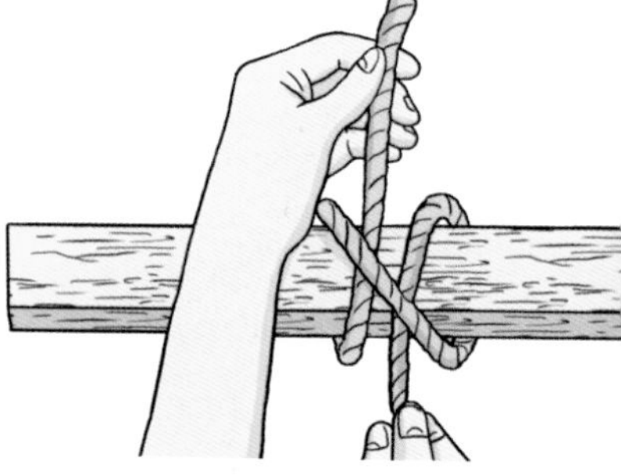

2 Lleva el extremo en diagonal a la izquierda, después, pásalo por encima del poste, por debajo y por debajo de sí mismo. Ahora tienes dos vueltas mordidas. Para apretarlo, hala de los extremos.

Ballestrinque alternativo

Este método se usa cuando puedes meter el nudo por el extremo de un poste.

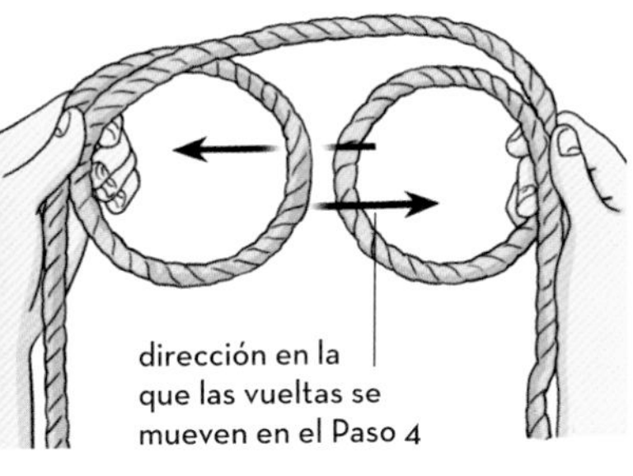

1 Si no puedes hacer un ballestrinque en el extremo de la cuerda, puedes seguir este método alternativo. Para empezar, haz dos vueltas por arriba en la cuerda.

2 Pon la vuelta de la izquierda sobre la de la derecha. Después mete los dedos de la mano izquierda por el centro de ambas vueltas.

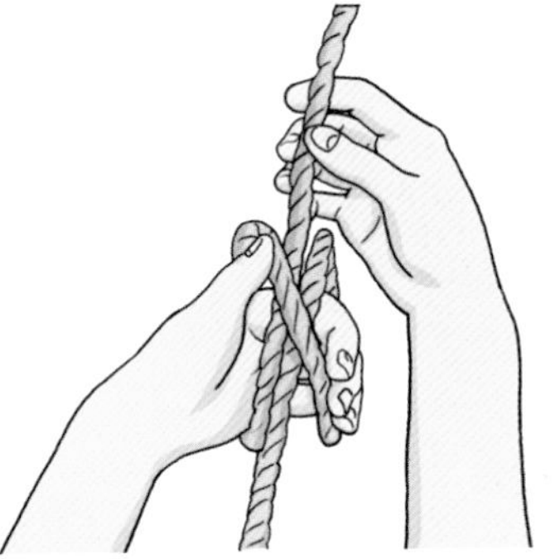

3 Visto de lado se pueden identificar las dos vueltas mordidas. Es igual que el ballestrinque simple que se muestra en el paso dos en la página de la izquierda.

4 Mete las dos vueltas mordidas en el poste, desliza el nudo hasta donde quieras que esté y apriétalo.

Ballestrinque para mosquetón

Este nudo también se usa en escalada. Sirve para bajar el equipo de escalada desde una gran altura. Ejerce más fricción en la cuerda pero también permite que se deslice y es una buena alternativa a un amarre fijo.

BEAR DICE

El ballestrinque también se conoce como enganche doble. Es uno de los nudos que más usan los exploradores, ¡así que pruébalo!

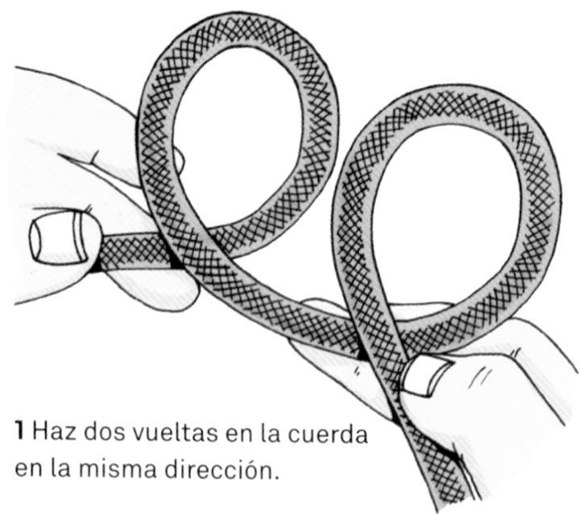

1 Haz dos vueltas en la cuerda en la misma dirección.

vuelta inferior

vuelt[a] supe[rior]

2 Pon la vuelta inferior encima de la superior, de forma que las dos colas queden en el centro.

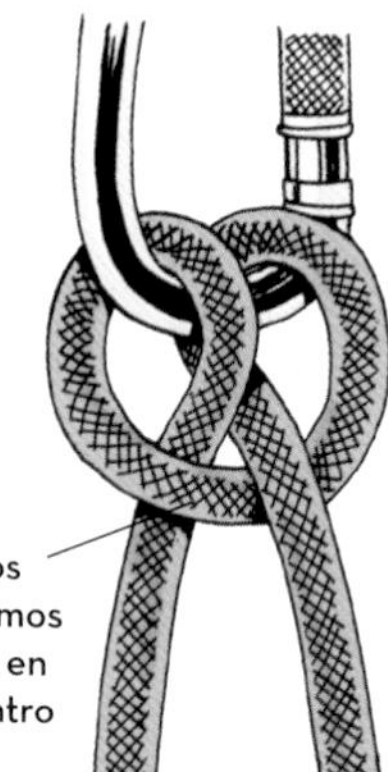

los dos extremos están en el centro

3 Mete las dos vueltas en un mosquetón. Es un nudo sorprendentemente fuerte.

NUDO ITALIANO

Este nudo se puede usar para bajar el equipo de escalada desde una gran altura. Al igual que el ballestrinque, aumenta la fricción en la cuerda, pero se puede deslizar y se usa en lugar de un amarre fijo.

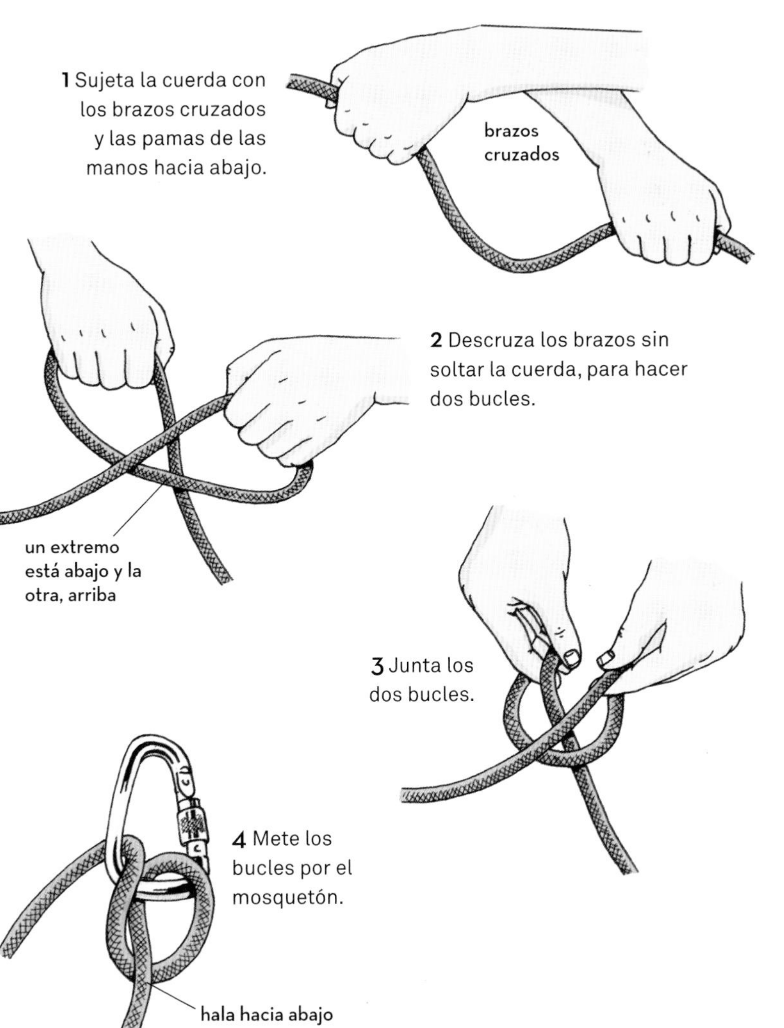

1 Sujeta la cuerda con los brazos cruzados y las pamas de las manos hacia abajo.
brazos cruzados
2 Descruza los brazos sin soltar la cuerda, para hacer dos bucles.
un extremo está abajo y la otra, arriba
3 Junta los dos bucles.
4 Mete los bucles por el mosquetón.
hala hacia abajo

NUDO DE POSTE

Estos amarres se usan para atar un bote a un poste o una línea de anclaje a un bolardo. Se puede hacer en el firme o en el extremo de la cuerda. La longitud del chicote para hacer el nudo dependerá del grosor del poste. Para desatarlo, mete el extremo por el bucle hasta que esté lo suficientemente flojo como para sacarlo por arriba.

BEAR DICE

Asegúrate de que no haya tensión en el otro extremo de la cuerda mientras estás haciendo el nudo.

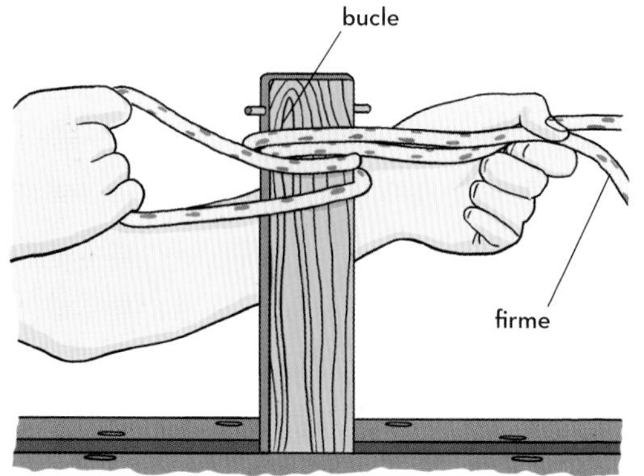

1 Haz un bucle lo suficientemente largo como para que pase varias veces alrededor del poste. Sujeta con una mano las dos secciones del firme. Con la otra mano, pasa el bucle alrededor del poste, por debajo de las dos cuerdas del firme.

2 Abre el bucle y pásalo por la parte de arriba del poste.

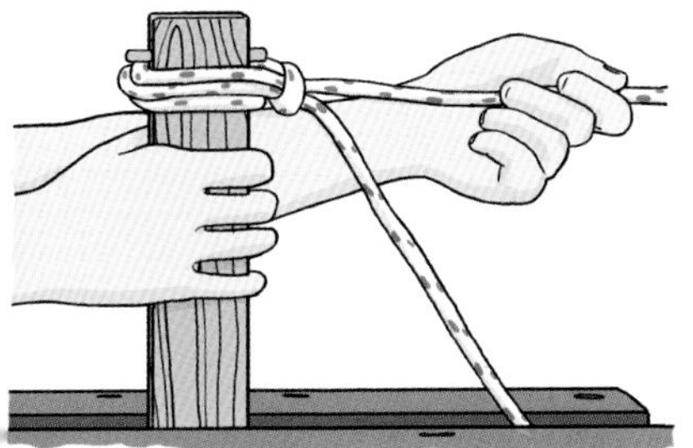

3 Tira uniformemente de ambos extremos para apretar el nudo. Si la cuerda no se desliza y no está bien apretada alrededor del poste, puedes tensarla con la mano, pero procura no pillarte los dedos.

Nudo doble de poste

El nudo doble de poste es muy seguro, pero un poco más difícil de desatar.

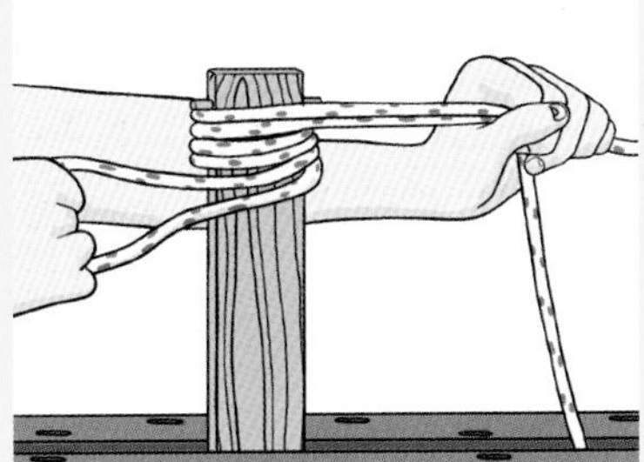

1 Completa el primer paso del nudo de poste (página de la izquierda), después enrolla el bucle alrededor del poste por segunda vez antes de pasarlo por encima. La segunda vuelta se hace por debajo de la primera.

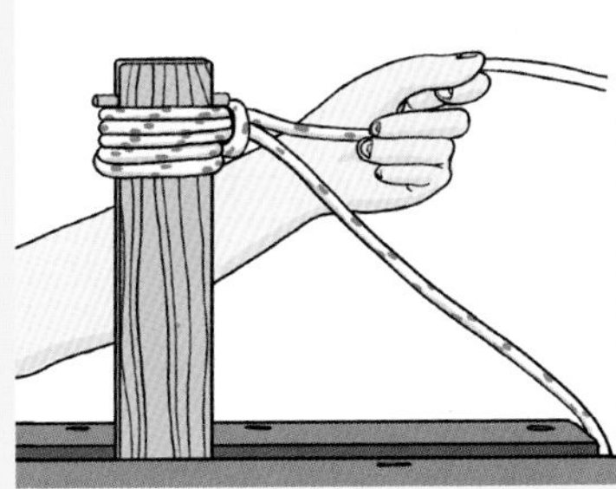

2 Ajusta el bucle como en el paso tres. Una vez que tienes las dos vueltas, sujeta los dos extremos hasta que el bucle está por encima del poste y ambos extremos estén seguros.

NUDO DEL BANDOLERO

El nudo del bandolero es muy útil porque se desata instantáneamente al tirar del extremo. Sin embargo, no es un nudo muy seguro y se puede aflojar fácilmente.

BEAR DICE
El nudo de bandolero no es lo suficientemente seguro para las escaladas o el montañismo.

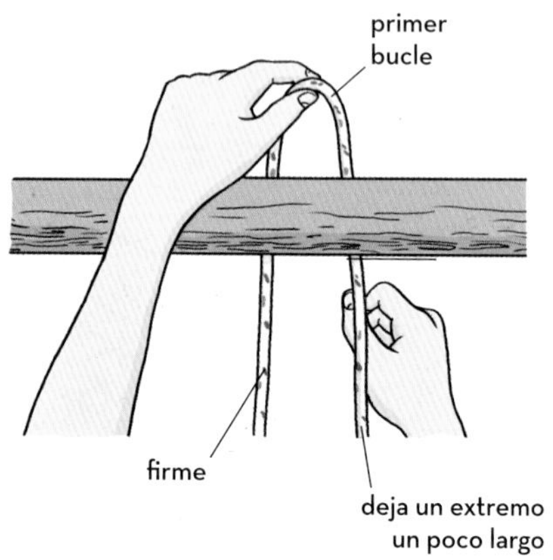

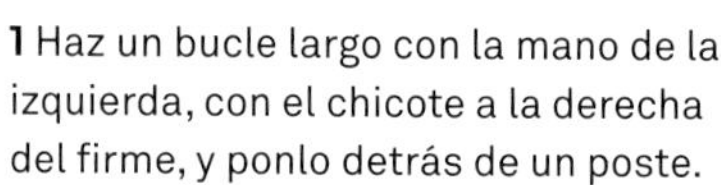

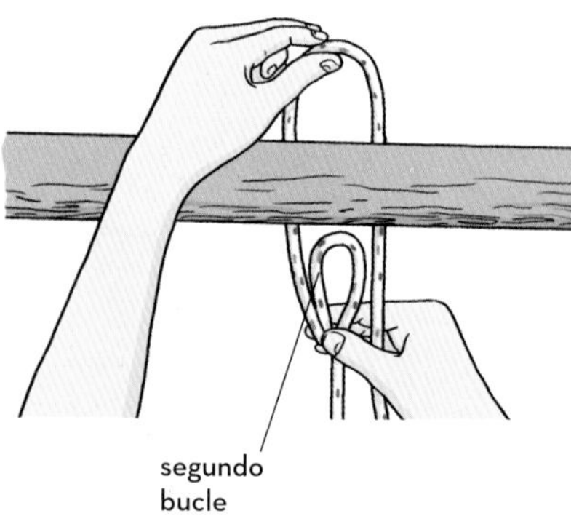

1 Haz un bucle largo con la mano de la izquierda, con el chicote a la derecha del firme, y ponlo detrás de un poste.

2 Con la mano derecha, haz un segundo bucle en el firme, y pon el resto del firme a la derecha de este segundo bucle.

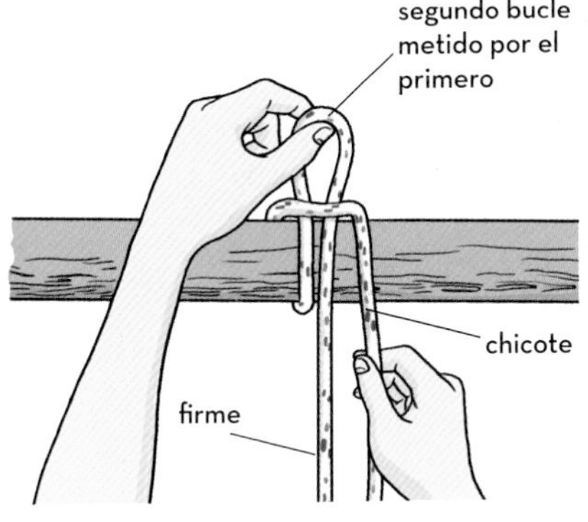

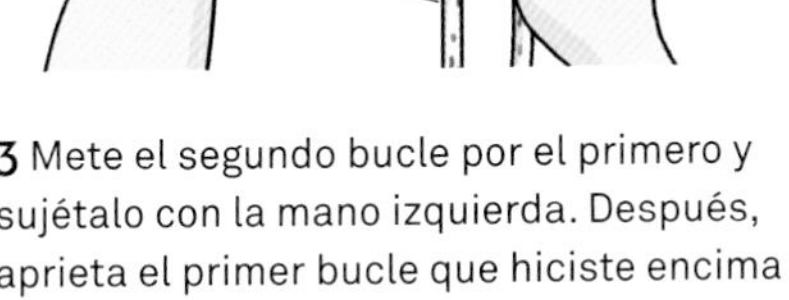

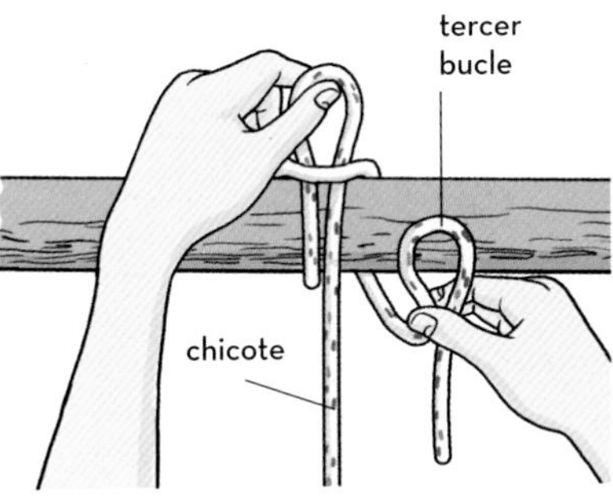

3 Mete el segundo bucle por el primero y sujétalo con la mano izquierda. Después, aprieta el primer bucle que hiciste encima del segundo tirando del chicote.

4 Con la mano derecha, haz un tercer bucle en el firme y pon el chicote a la derecha.

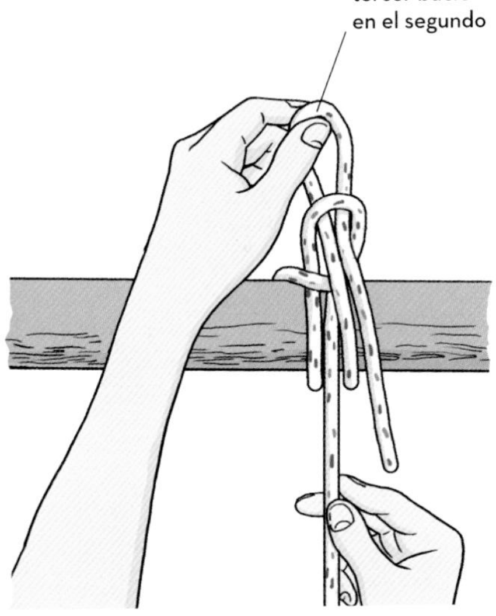

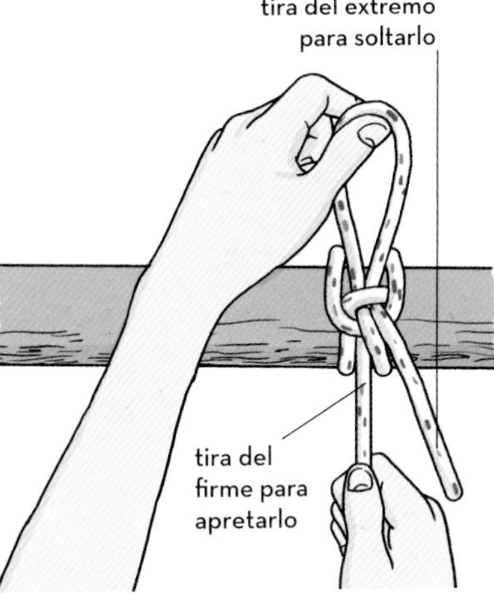

5 Mete el tercer bucle por dentro del segundo hasta que no quede cuerda colgando en el poste.

6 Hala del firme para apretar el segundo bucle alrededor del tercero. Para soltarlo, hala del chicote y el nudo se deshará.

VUELTA DE BRAZA

La vuelta de braza es un método sencillo para amarrar una cuerda a un poste. Sin se hace en el centro de gravedad, se puede levantar el poste. Cuando se añade medio nudo a la vuelta de braza, se llama vuelta killick y permite arrastrar un poste por la tierra o en el agua. La vuelta de braza también se usa para poner las cuerdas de nilón en el puente de una guitarra.

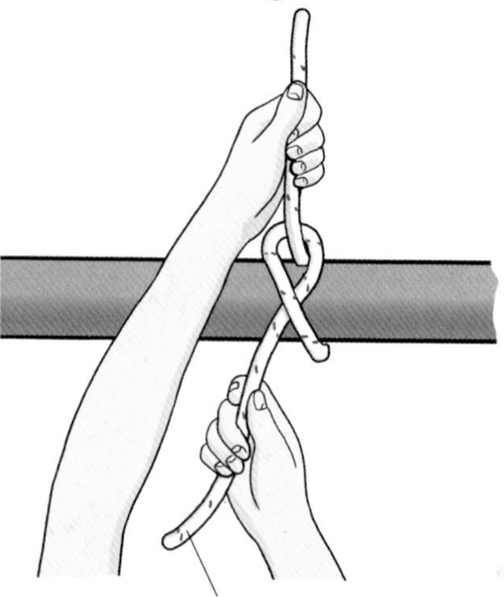
alternativamente, pasa primero por encima de la primera vuelta y después por debajo, de izquierda a derecha

1 Da una vuelta a la cuerda sin tensión por detrás del poste, de atrás hacia adelante. Pasa el chicote por detrás del firme, por delante y por debajo de la vuelta.

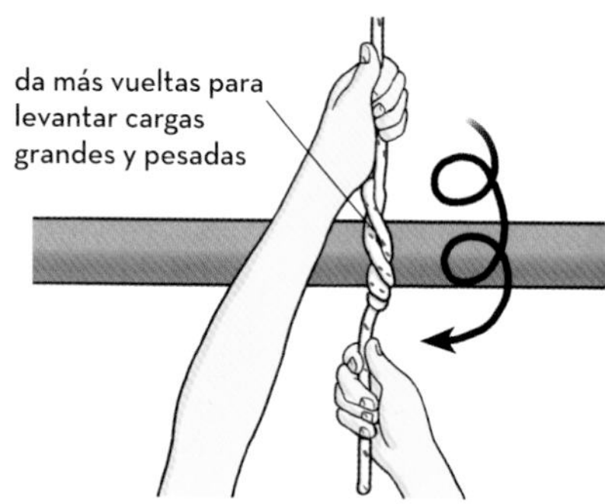
da más vueltas para levantar cargas grandes y pesadas

2 Vuelve a dar una vuelta al chicote por detrás del firme una, dos o tres veces más Hala con fuerza del firme y ajusta la parte de la cuerda que queda suelta en las vueltas con el chicote.

Vuelta killick

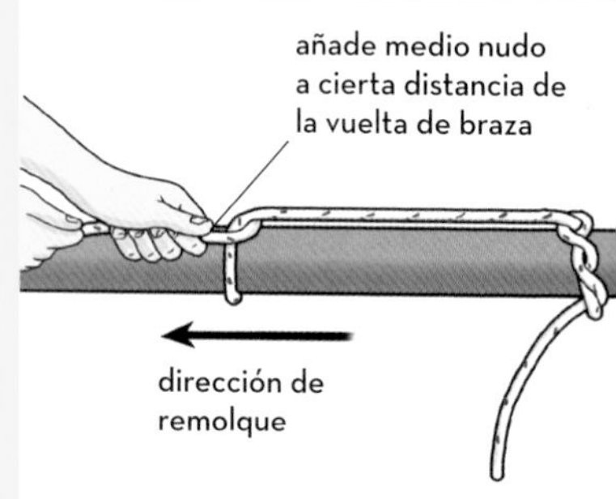
añade medio nudo a cierta distancia de la vuelta de braza
dirección de remolque

3 Pasa el firme por encima del poste y ha medio nudo. Para remolcar una carga, es si se ata cerca del extremo, aunque si es cerca de la punta se puede salir.

VUELTA RODANTE

La vuelta rodante se usa para amarrar una cuerda a un poste o a otra cuerda más larga si hay que aplicar una carga en un ángulo entre 45 y 90 grados del poste. La dirección de la carga, o tensión, determina la forma de hacer el nudo. En las vueltas que se muestran aquí la carga va a estar a la derecha.

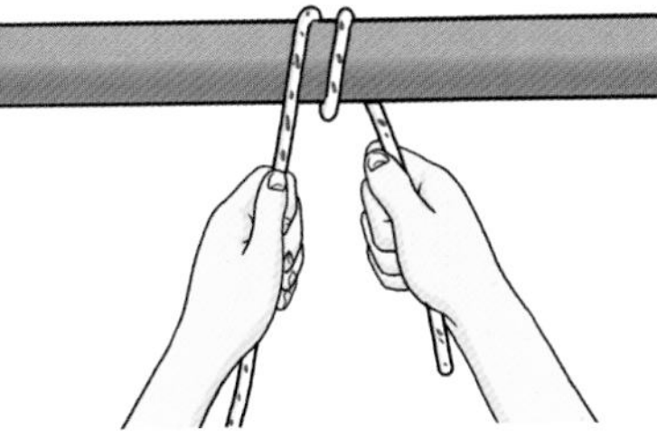

1 Empieza con una vuelta redonda, hacia arriba, por encima del poste y de izquierda a derecha.

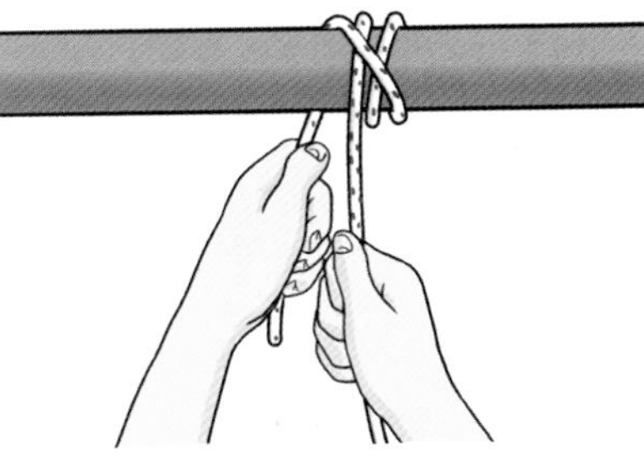

2 Pasa el chicote en diagonal hacia la izquierda el poste, por encima de las dos vueltas y después hacia abajo, por detrás del poste.

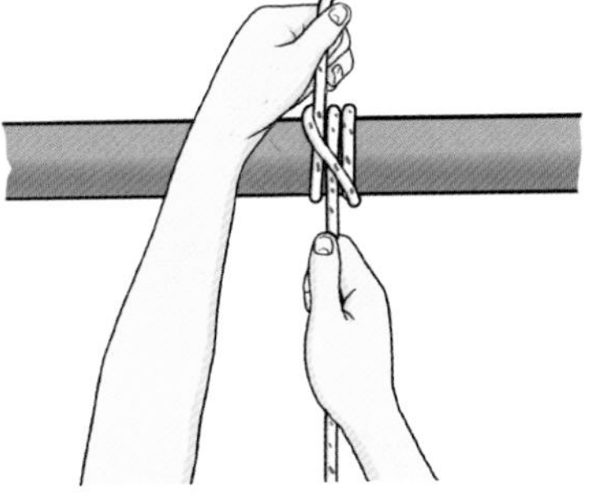

3 Mete el chicote debajo de la diagonal. La vuelta rodante es una vuelta de braza con una vuelta más alrededor del poste y hacia la derecha.

La vuelta en cuerda de tensión es parecida a la rodante, y se usa para amarrar una cuerda a una línea de tensión.

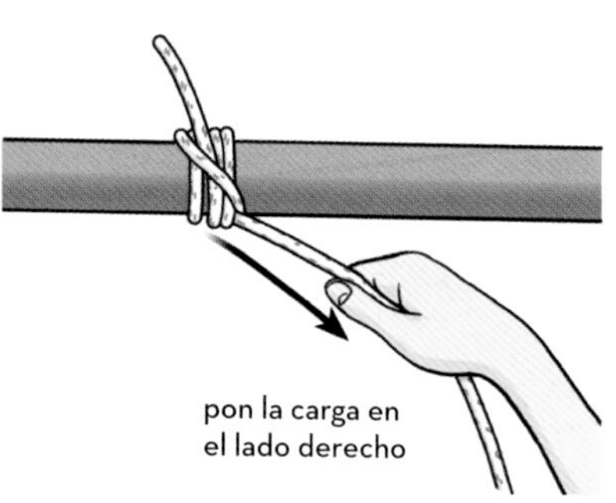
pon la carga en
el lado derecho

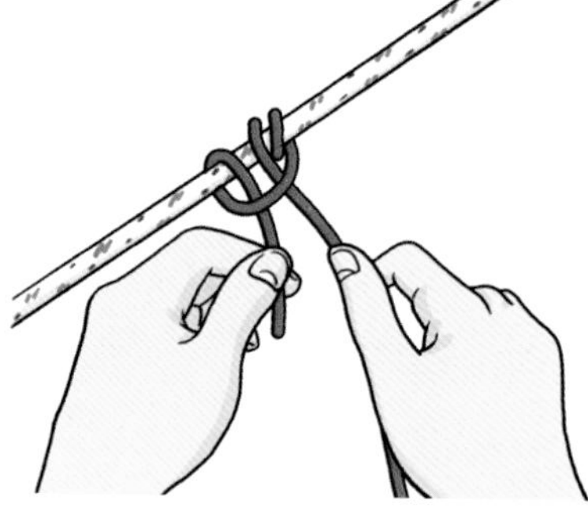

4 Hala de ambos extremos para tensarla. La carga se puede aplicar a la derecha de la vuelta. Si la carga está a la izquierda, empieza con el paso uno, pero da las vueltas de derecha a izquierda.

5 Pasa el chicote por detrás de la cuerda, hacia delante y por debajo de sí mismo, paralelo al firme. El nudo parece como una vuelta de vaca con una vuelta extra.

Vuelta a línea de tensión

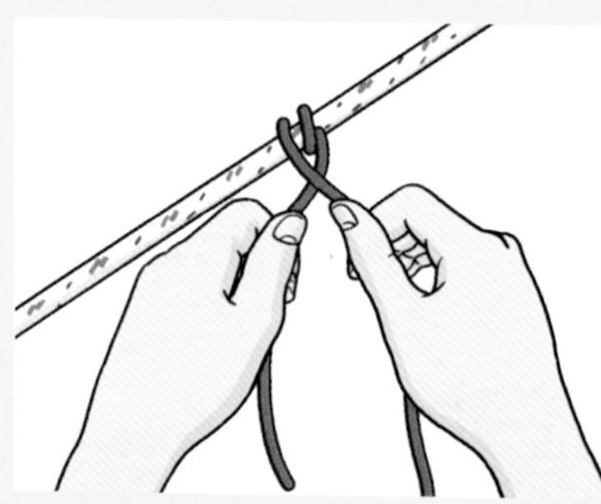

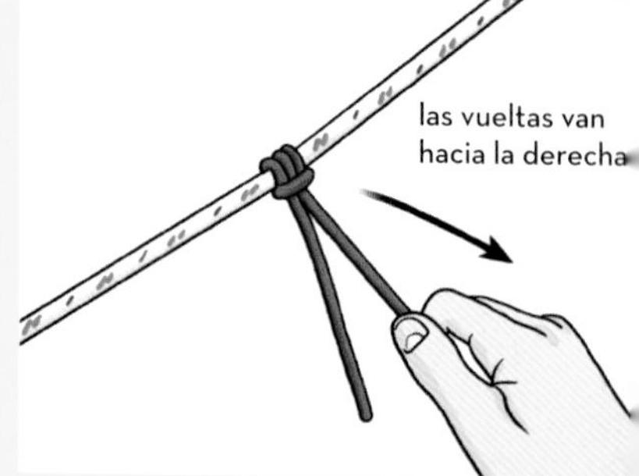
las vueltas van
hacia la derecha

1 Haz esta vuelta con una cuerda que sea al menos la mitad del diámetro que la línea de tensión. Completa el primer paso de la vuelta rodante, después pasa el chicote a la izquierda, por delante del firme.

2 Tira de ambos extremos para tensar la vuelta en la línea. Al igual que la vuelta rodante, se puede aplicar una fuerza desde la dirección en la que se hizo la primera vuelta por arriba.

NUDO DE CAMIONERO

Este nudo se puede tensar aún más después de apretarlo y se usa para atar los tensores de las tiendas de campaña o para asegurar una carga a un remolque. La vuelta hace palanca y permite halar fuerte de la cuerda y usar el exceso de cordaje.

BEAR DICE
El nudo de camionero también se conoce como vuelta de camionero o nudo de cuadernal.

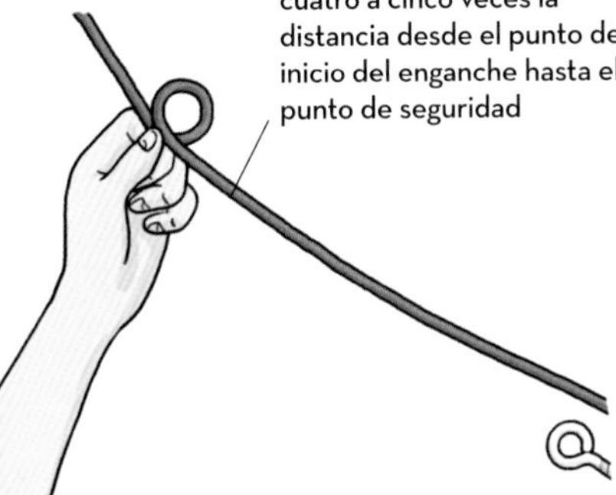

este nudo requiere una longitud de cuerda de cuatro a cinco veces la distancia desde el punto de inicio del enganche hasta el punto de seguridad

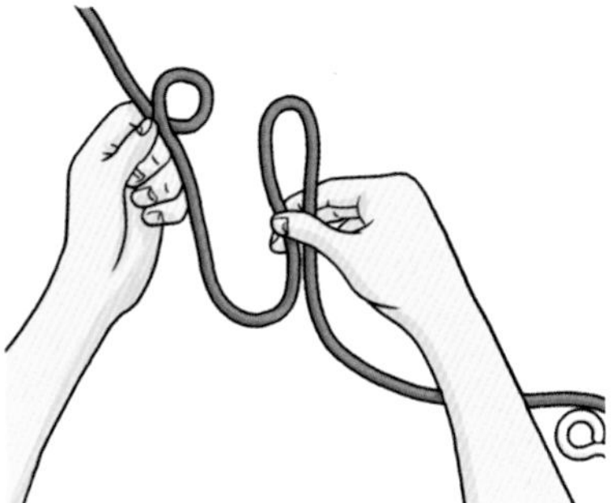

1 Comienza con el firme atado a un punto de sujeción superior. Haz una vuelta hacia arriba en el sentido contrario a las agujas del reloj y sujétala con la mano izquierda.

2 Con la mano derecha, haz un bucle en el firme. Tiene que tener una longitud de aproximadamente la mitad de distancia entre la vuelta y el punto de sujeción.

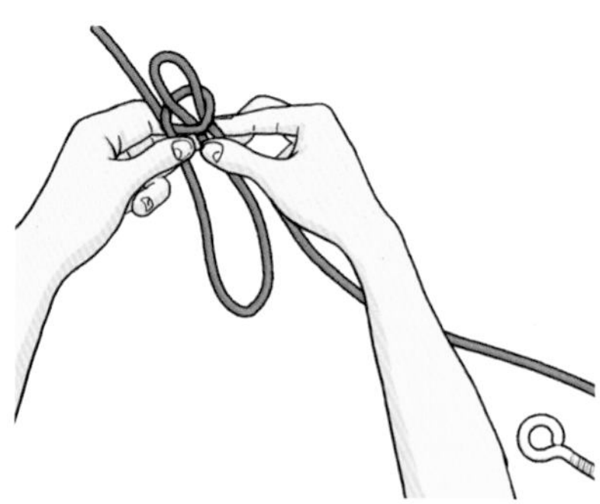

3 Mete la parte de arriba del bucle por la vuelta desde abajo—pero no la metas mucho, aproximadamente un quinto de la longitud. Sujeta el bucle y la vuelta con la mano izquierda.

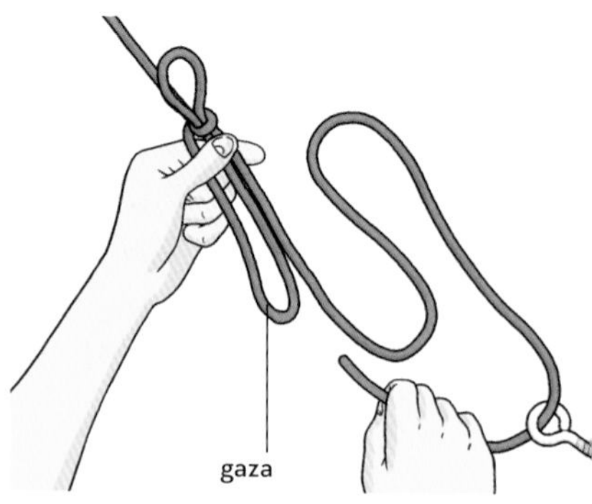

4 Esto creará un nuevo bucle, llamado gaza. Pasa el chicote por el punto de sujeción.

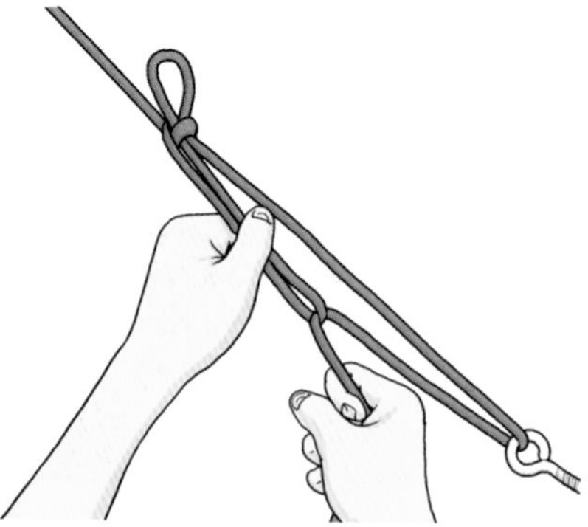

5 Mete el chicote por la gaza, de atrás hacia adelante. Tensa hacia abajo el chicote. La vuelta sujeta el bucle y ahora puedes soltar la mano izquierda.

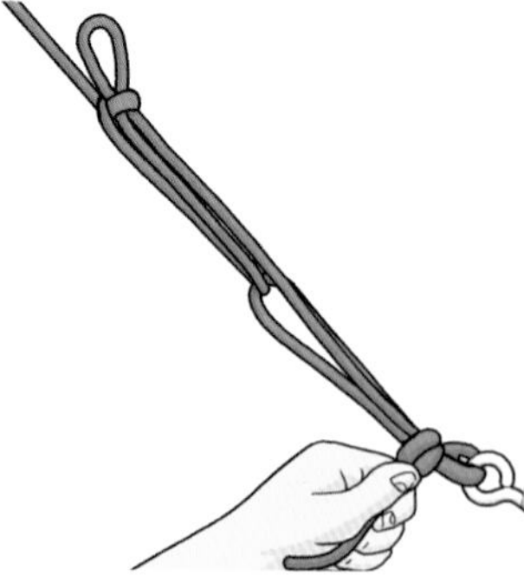

6 Hala del chicote hasta que tenga la tensión adecuada y anúdalo por encima del punto de sujeción, a unas dos pulgadas. Este nudo requiere práctica para dominarlo.

AMARRE CUADRADO

El amarre cuadrado es una manera relativamente fácil de sujetar dos postes en ángulo recto. Ten cuidado con la tensión y el número de vueltas. Debe ser lo suficientemente fuerte para que sujete los postes sin doblarlos.

Un amarre es un método para unir dos objetos con una cuerda. Son permanentes y requieren varias vueltas.

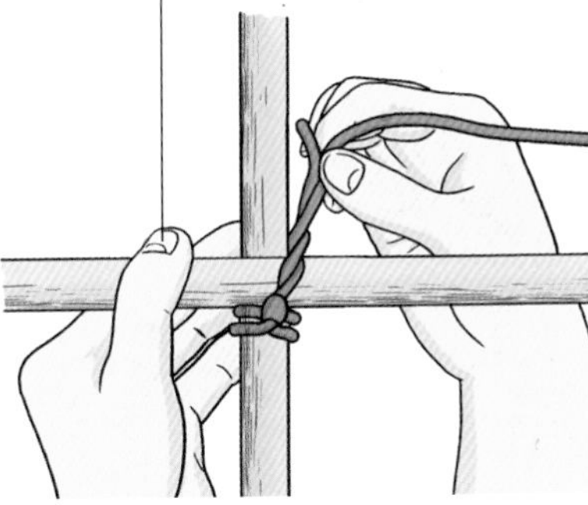
enrolla los extremos para que no se suelten

1 Haz un ballestrinque en el poste vertical. Enrolla el extremo y el firme. Pon el poste horizontal encima del vertical. Pasa los dos extremos por encima de los dos postes, por la derecha.

BEAR DICE

Los amarres se usan para unir dos postes. Resultan muy útiles en los campamentos para construir sillas y mesas.

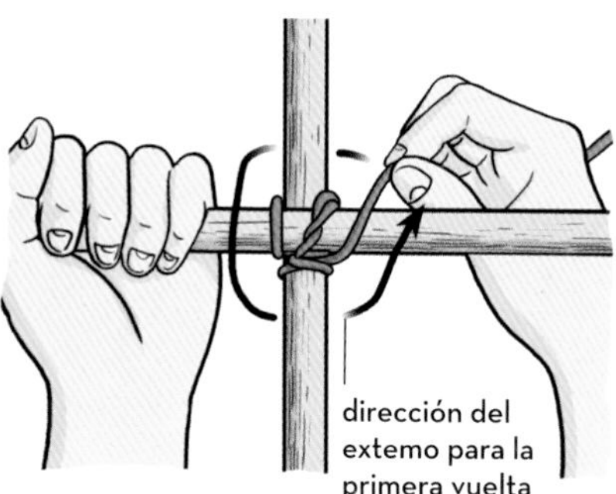
dirección del
extemo para la
primera vuelta

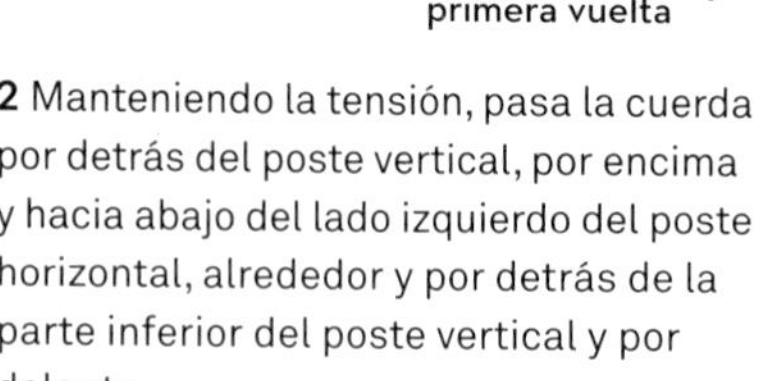

2 Manteniendo la tensión, pasa la cuerda por detrás del poste vertical, por encima y hacia abajo del lado izquierdo del poste horizontal, alrededor y por detrás de la parte inferior del poste vertical y por delante.

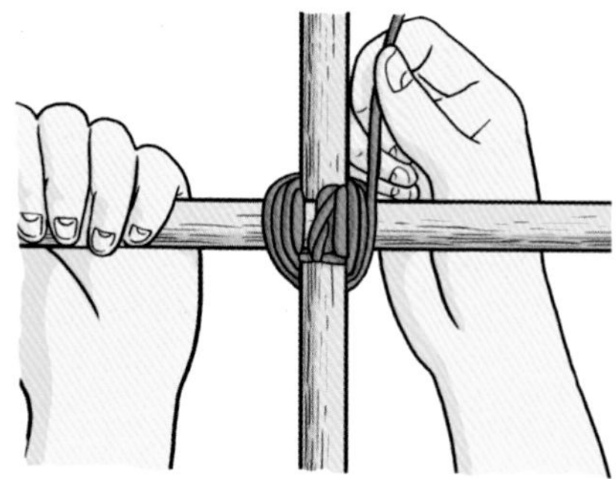

3 Repite el paso dos y haz tres vueltas más. El número de vueltas dependerá del diámetro de los postes y el grosor de la cuerda.

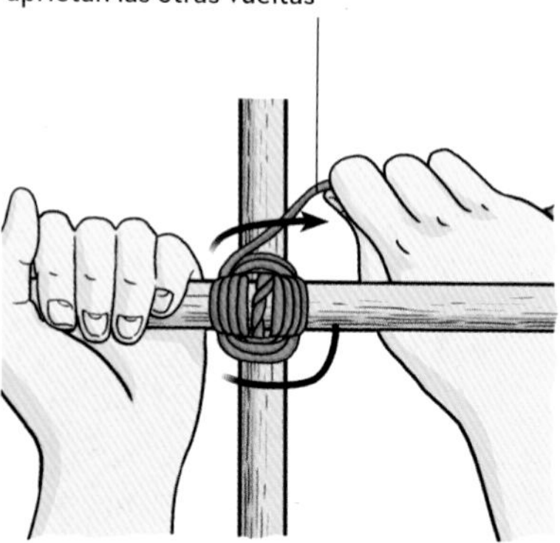
las vueltas de "ahorcar"
no unen los palos sino que
aprietan las otras vueltas

4 Este paso se llama "ahorcar". Da una vuelta sobre el lado derecho del palo horizontal, después enrolla en el sentido de las agujas del reloj entre los dos palos tres o cuatro veces.

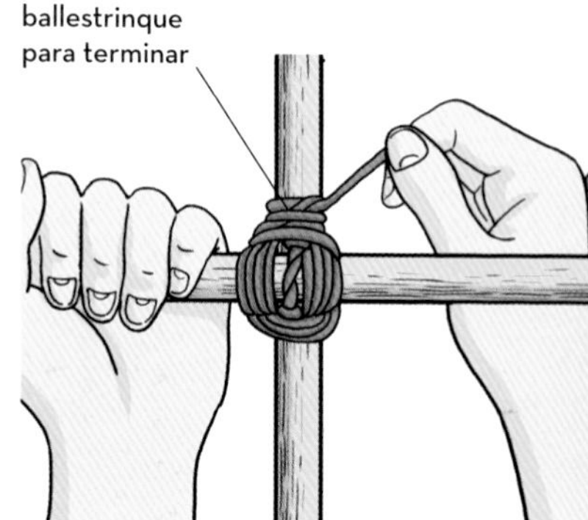
ballestrinque
para terminar

5 Termina las vueltas en la parte de arriba a la izquierda y haz un ballestrinque en la par superior del palo vertical para que las vuelt no se deslicen o roten al aplicar tensión.

AMARRE DIAGONAL

El amarre diagonal se usa para amarrar dos palos cruzados en diagonal. Los dos palos no tienen que estar en ángulo recto—el primer ballestrinque los sujetará sin cambiar su posición. Sin embargo, si los palos no se sujetan en su sitio mientras se hace, es difícil mantener el ángulo al hacer el amarre.

BEAR DICE

En el amarre diagonal no se aplica tanta tensión como en el cuadrado, pero la probabilidad de que los palos se deslicen es menor.

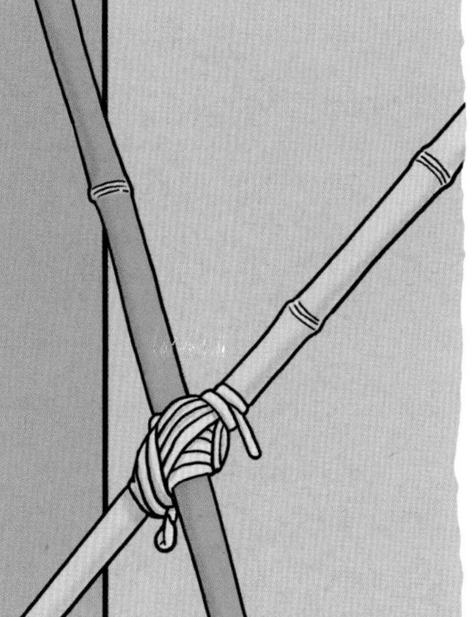

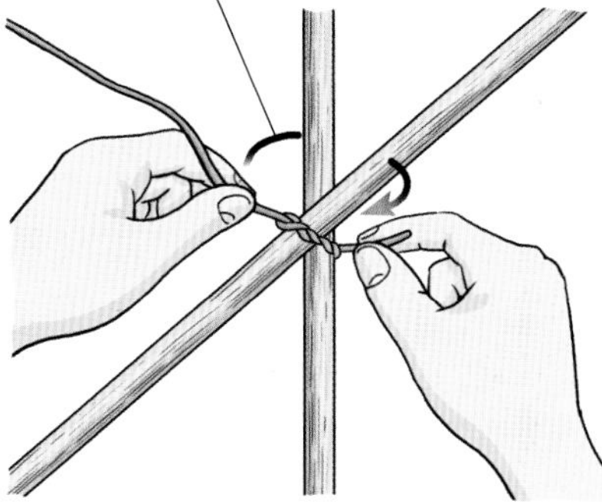
aleja la cuerda de ti y alrededor de la parte de atrás

1 Haz un ballestrinque para unir los dos palos, en el ángulo más ancho de la intersección. Aprieta el nudo y pasa la cuerda por la parte de atrás de los dos palos.

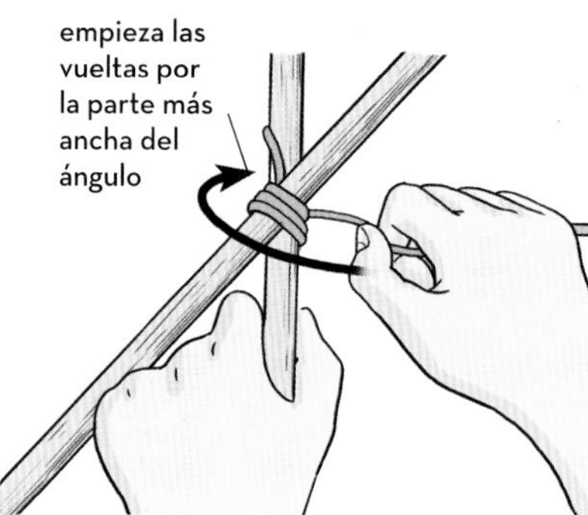
empieza las
vueltas por
la parte más
ancha del
ángulo

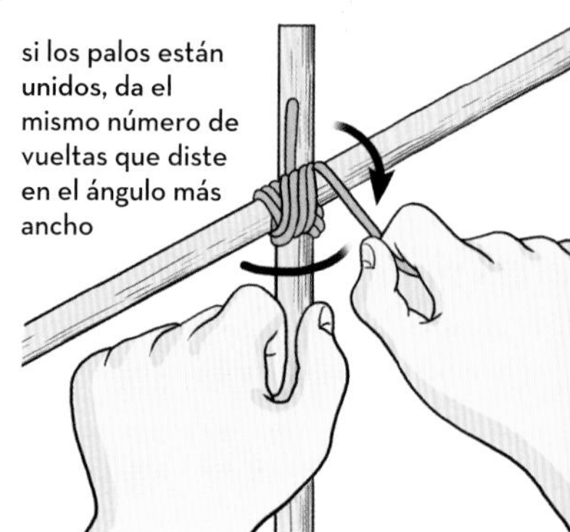
si los palos están
unidos, da el
mismo número de
vueltas que diste
en el ángulo más
ancho

2 Enrolla la cuerda con fuerza por encima del nudo y alrededor del centro del nudo cuatro o cinco veces. Si los palos no están unidos, cuanto más aprietes las vueltas, más grande se hará el ángulo.

3 Ahora enrolla la cuerda en el ángulo más estrecho. Si los palos no están unidos, aplica presión y sigue dando vueltas hasta conseguir el ángulo que quieres.

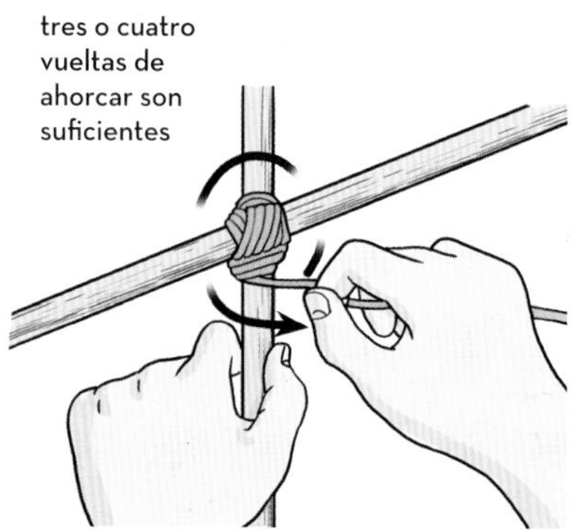
tres o cuatro
vueltas de
ahorcar son
suficientes

termina con un
ballestrinque

4 Enrolla la cuerda en el sentido opuesto a las agujas del reloj, por delante del palo vertical superior, por detrás del lado izquierdo del palo horizontal, por delante del palo vertical inferior y por detrás del lado derecho del palo horizontal.

5 Termina con un ballestrinque en uno de los palos. Alínealo con el final de las vueltas de ahorcar para que no se deslic[e] o rote al poner tensión.

AMARRE REDONDO

El amarre redondo sirve para unir dos palos y reforzarlos. También se puede usar para extender un palo con otro si se amarra cerca de un extremo, en el punto donde se superponen los dos palos. Si no se aprieta mucho, se llama amarre en A. En este caso, los dos postes están ligeramente separados para poder moverlos. El amarre en A se puede usar para hacer una tienda de campaña o un cobertizo de apoyo.

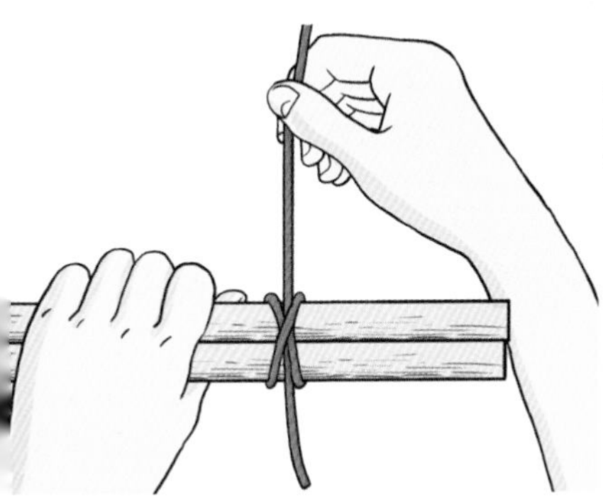

1 Pon los dos palos uno al lado del otro y átalos con un ballestrinque. El extremo corto del nudo debe de ser lo suficientemente largo para enrollar el otro extremo de la cuerda por encima.

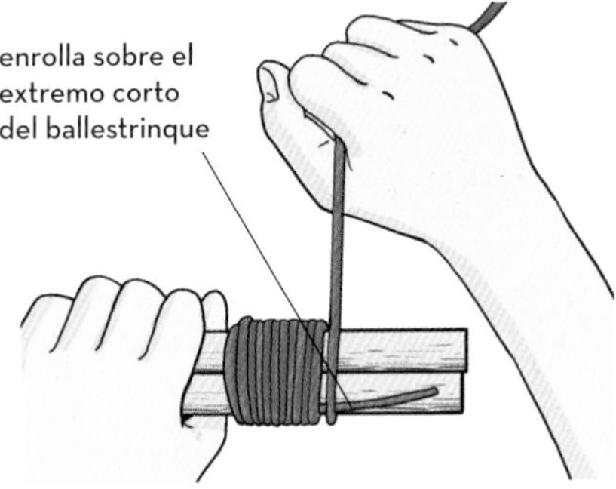
enrolla sobre el
extremo corto
del ballestrinque

2 Enrolla la cuerda, con menos tensión si es un amarre en A y con más tensión para unir dos palos. Por lo general, el espacio que ocupan las vueltas no debe ser menor que el ancho de los dos palos.

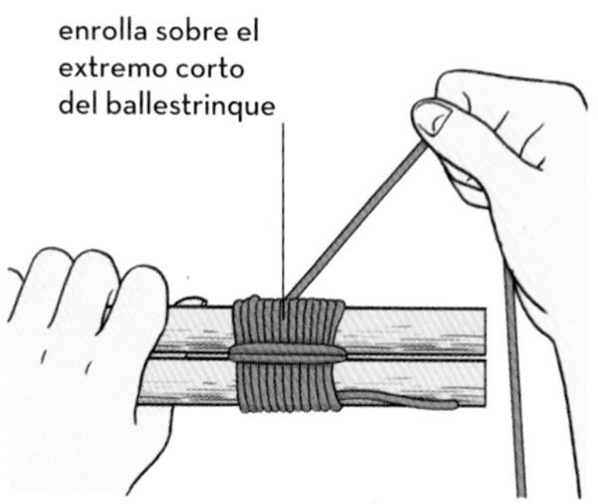
enrolla sobre el
extremo corto
del ballestrinque

3 Para las vueltas de ahorcar, pasa la cuerda por detrás del palo de arriba y hacia delante entre los dos palos. Enrolla la cuerda por encima de las vueltas, entre los palos.

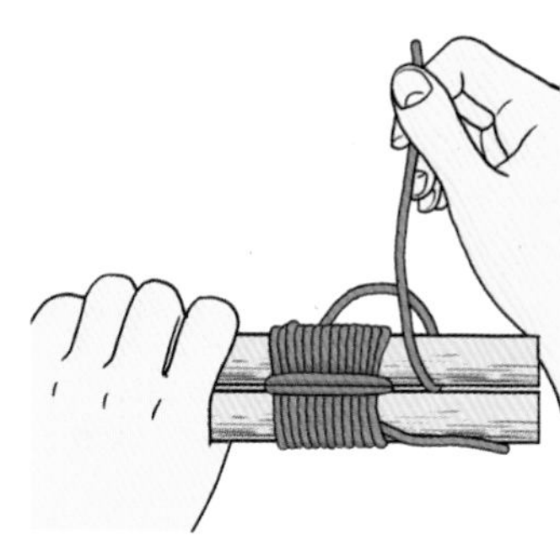

4 Termina en el lado opuesto del pri ballestrinque y haz otro ballestrinq pero solo en un palo, no en los dos. nudo debe estar apretado y pegado vueltas.

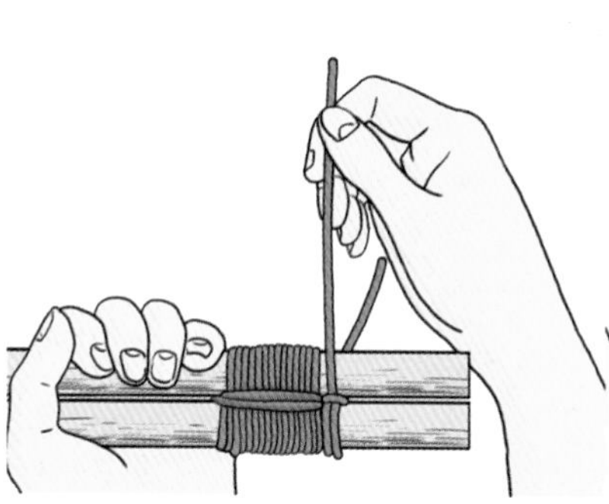

5 Si quieres atar dos palos para reforzarlos o extenderlos, enrolla la cuerda con más fuerza, no hagas las vueltas de ahorcar y termina con un ballestrinque en los dos palos.

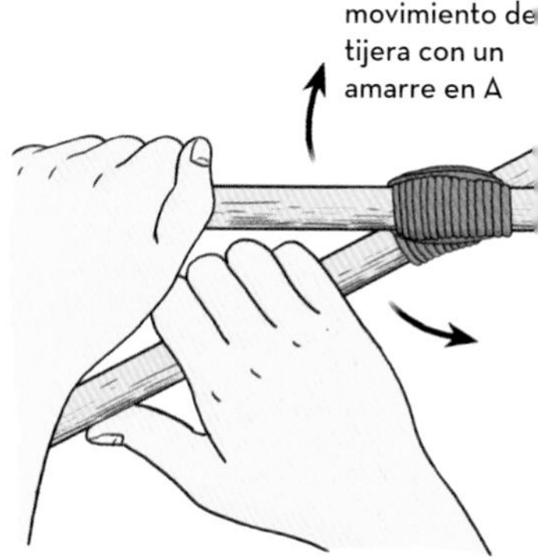
movimiento de
tijera con un
amarre en A

6 Para hacer un amarre en A, separa palos con un movimiento de tijera pa estirar la cuerda por igual a ambos la las vueltas. Con práctica aprenderás la tensión adecuada en las vueltas.

AMARRE DE TRÍPODE

Hay varios métodos para hacer un amarre de trípode. Este te permite hacer un trípode plegable y transportable. Después de usarlo, el trípode se dobla plano y puedes asegurar el otro extremo con un nudo temporal (como el nudo de poste). Sin embargo, el triángulo que forma en la base no es perfecto. Al igual que en el amarre redondo, el ángulo en el que se separan las patas del trípode dependerá de la longitud y la tensión del amarre y de la elasticidad de la cuerda.

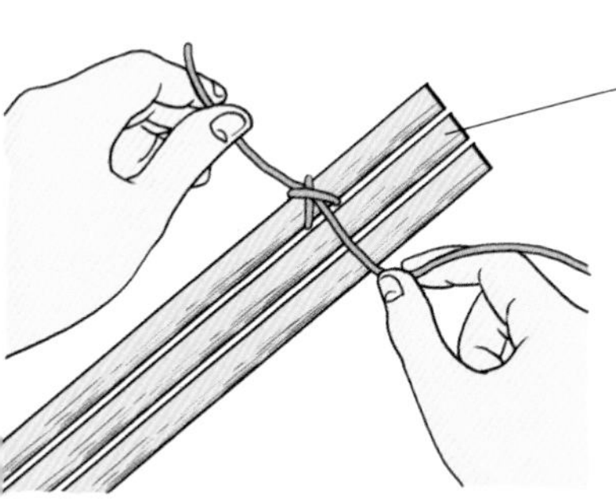

al empezar, deja espacio para enrollar la cuerda y para colgar un objeto

1 Pon tres palos, uno al lado del otro, con los extremos que se apoyarán en al suelo alineados. Haz un ballestrinque en el palo de arriba a cierta distancia del extremo.

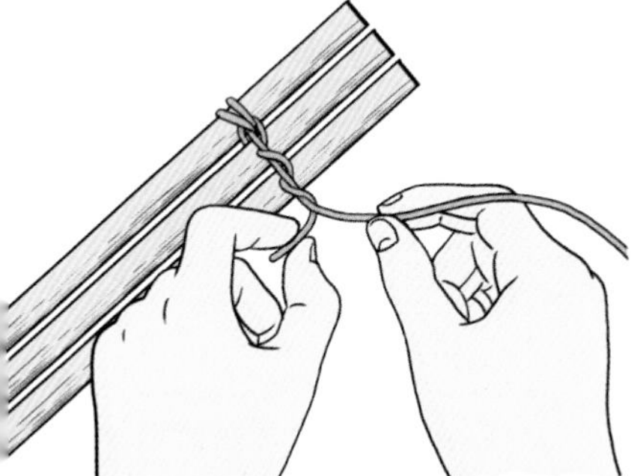

2 Enrolla el extremo corto del ballestrinque con el firme y pasa los dos extremos por encima de los tres palos. Esto ayuda a asegurar el ballestrinque y el extremo de la cuerda.

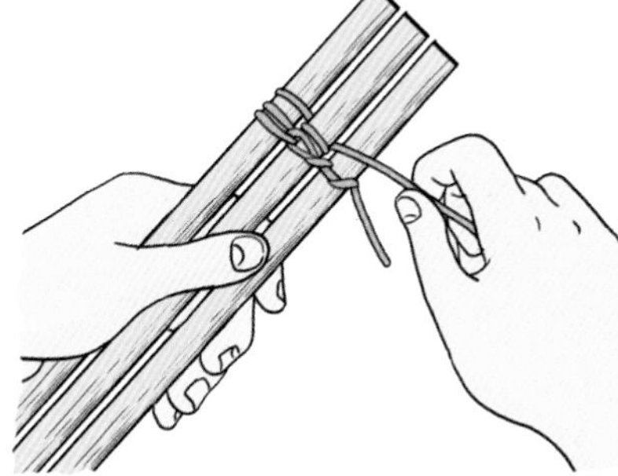

3 Enrolla la cuerda aldededor de los palos: por debajo del tercero, por encima del segundo, por debajo del primero, alrededor y por encima, esta vez por debajo del segundo y por encima del tercero.

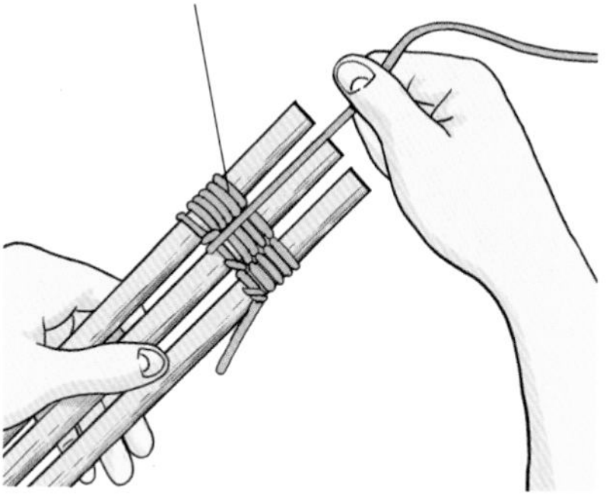

El espacio que ocupan las vueltas debe ser como el ancho de dos palos. Termina con el extremo de la cuerda por detrás del primer palo y da vueltas de ahorcar.

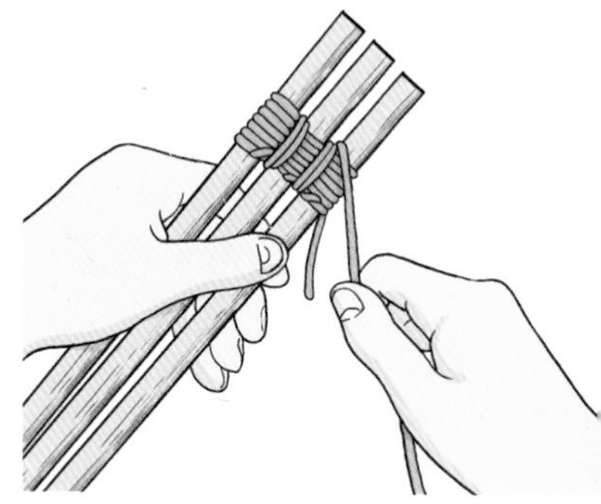

4 Para dar las vueltas de ahorcar, lleva la cuerda hacia abajo, por delante del primer palo y después por detrás del primer y segundo palo. Da unas dos o tres vueltas de ahorcar por encima de la cuerda enrollada.

5 Pasa la cuerda por detrás del segundo palo y hacia delante entre el segundo y el tercer palo. Da vueltas de ahorcar en dirección opuesta a las que hiciste en el paso anterior.

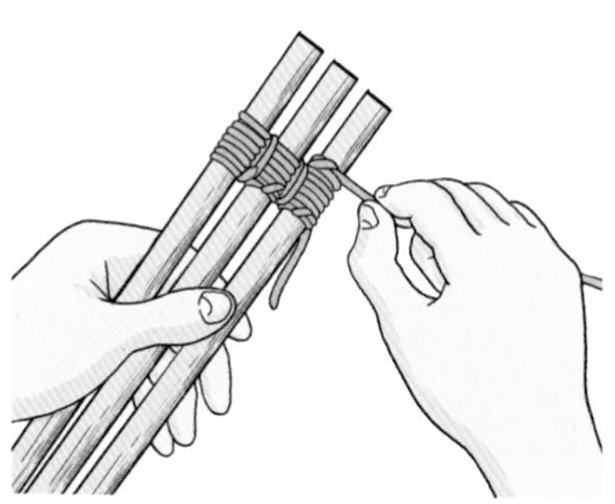

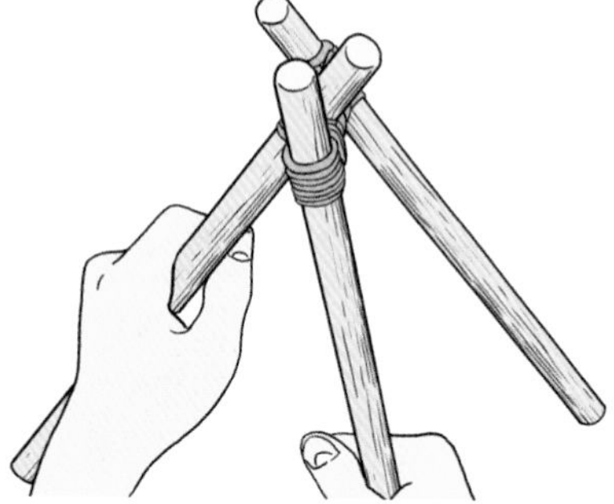

6 Para terminar, haz un ballestrinque en el tercer palo. El ballestrinque tiene que estar pegado a las vueltas de ahorcar para que no rote.

7 Para abrir el trípode, separa los extremos del primer y tercer palo con un movimiento de tijera para que el segundo palo se mueva en dirección contraria. Es difícil hacer esto si las vueltas están demasiado apretadas.

EMPALME OJO DE ÁGUILA

Para empalmar dos cuerdas, se deshacen las hebras y se juntan, metiendo las hebras de una cuerda en las de la otra. El empalme ojo de águila se usa para unir una cuerda de forma permanente a un objeto o meterla en un gancho, palo o bolardo. No es un nudo, sino una manera de hacer un "ojo" en el extremo de una cuerda.

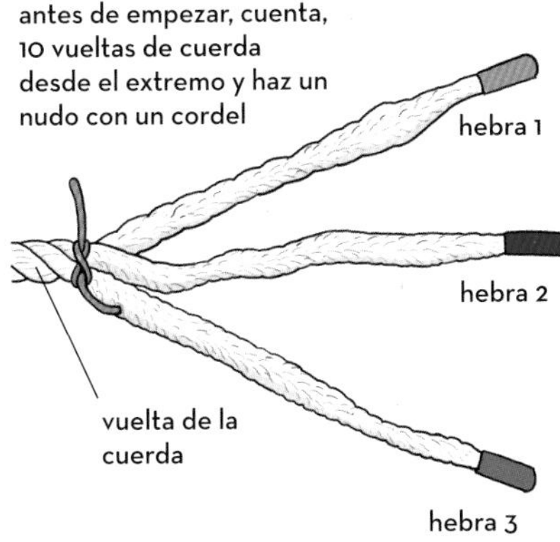
antes de empezar, cuenta, 10 vueltas de cuerda desde el extremo y haz un nudo con un cordel
hebra 1
hebra 2
vuelta de la cuerda
hebra 3

El empalme es un método tradicional para unir dos cuerdas permanentemente.

1 Empieza a desenrollar la cuerda. Al separar las hebras, pon cinta adhesiva en los extremos. Sigue desenrollando la cuerda hasta el nudo. Numera cada hebra.

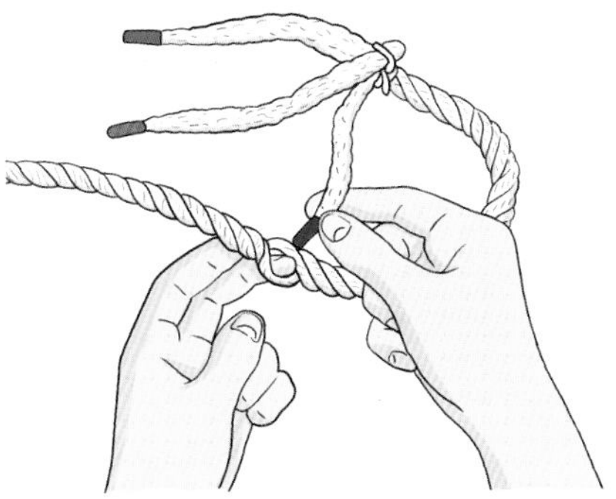

2 Separa las hebras en el firme de la cuerda. Mete la hebra central, hebra 2, por la izquierda, en diagonal y por debajo de la hebra que has sacado del firme. Todavía no la metas del todo.

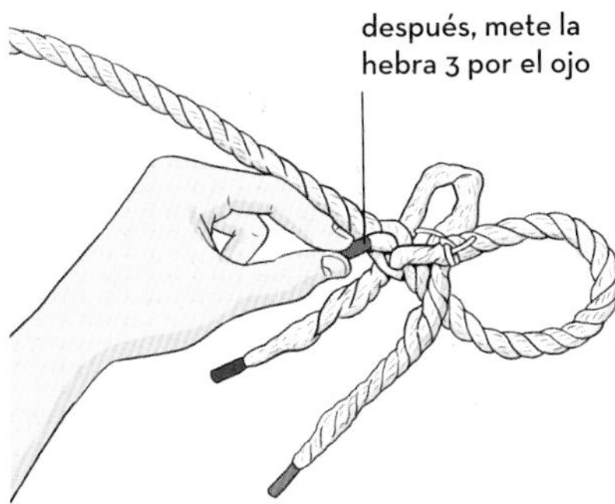
después, mete la hebra 3 por el ojo

3 Pasa la hebra 3, que está a la derecha de la hebra 2, por su hebra correspondiente en el firme, es decir, la hebra que está la derecha de la hebra por la que metiste la hebra 2.

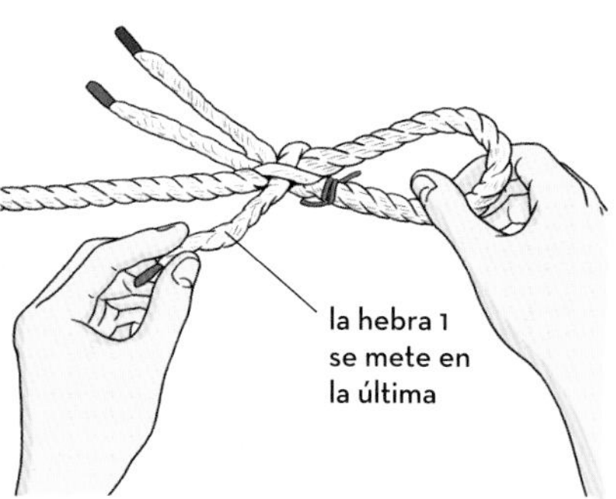
la hebra 1
se mete en
la última

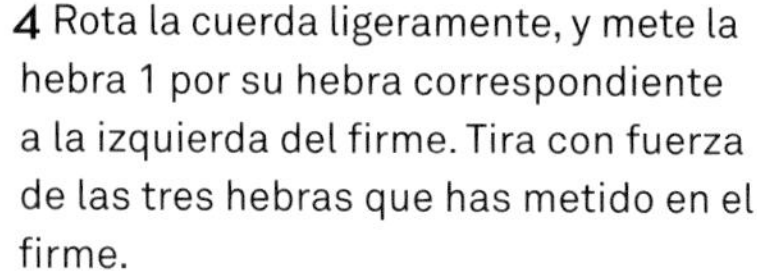

4 Rota la cuerda ligeramente, y mete la hebra 1 por su hebra correspondiente a la izquierda del firme. Tira con fuerza de las tres hebras que has metido en el firme.

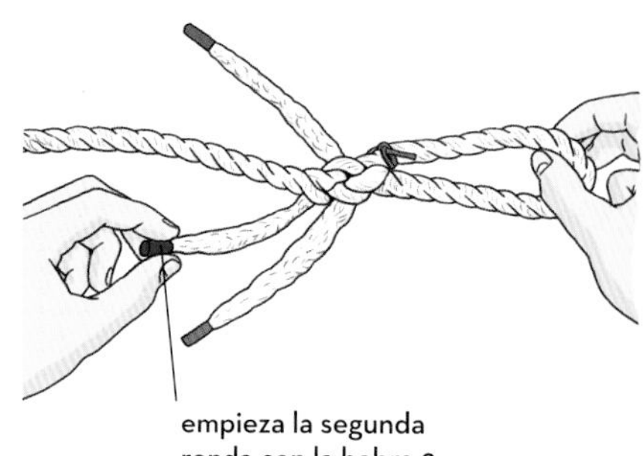
empieza la segunda
ronda con la hebra 2

5 Continúa metiendo las hebras sueltas en diagonal hasta completar cuatro rondas. Tres rondas son suficientes si el firme de la cuerda no está muy flojo.

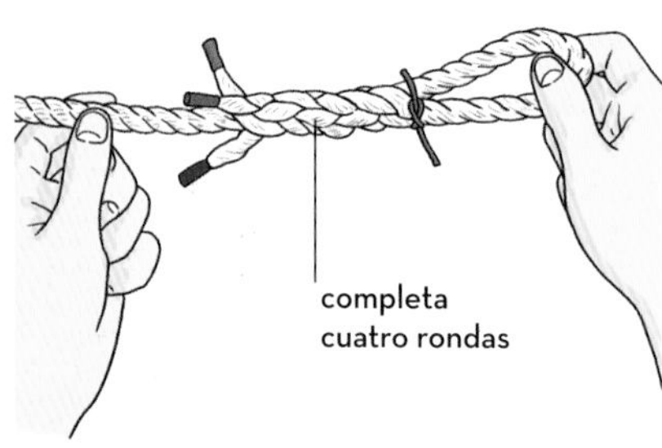
completa
cuatro rondas

6 El firme de la cuerda debe mantenerse enrollado al meter las hebras. Si no abres la cuerda lo suficiente para tejer las hebras, las vueltas del firme quedarán más apretadas.

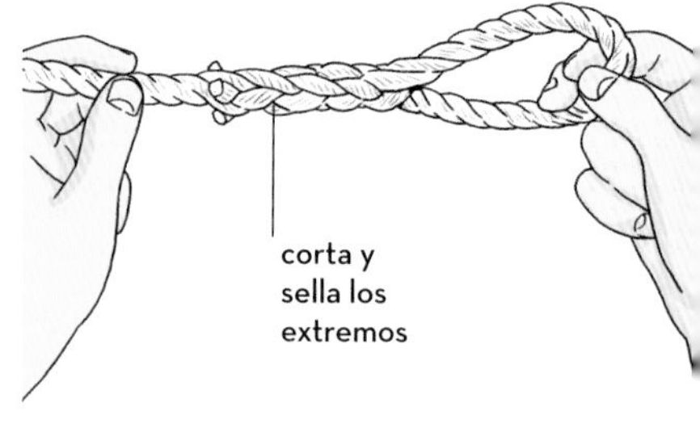
corta y
sella los
extremos

7 Si la cuerda es muy gruesa, necesitas una herramienta con forma de cono para separar las hebras del firme. Después de la cuarta ronda, corta los extremos y séllalos con calor o átalos con un cordel por encima.

EMPALME CORTO

Este método sirve para unir dos cuerdas de un grosor parecido de forma permanente. Con este método no queda un bulto en el lugar donde se unen las cuerdas.

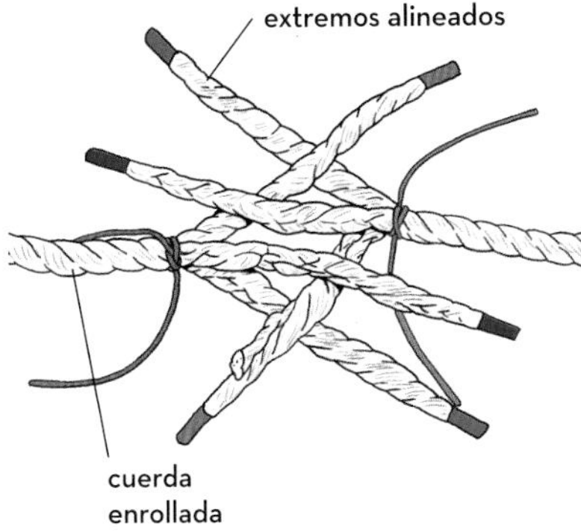
extremos alineados
cuerda enrollada

BEAR DICE

Si pones cinta adhesiva de distintos colores en los extremos de las hebras, esta técnica es mucho más sencilla de lo que parece.

1 Haz un nudo constrictor en cada cuerda, a unas 12 vueltas del extremo. Separa las hebras, pon cinta adhesiva en los extremos y numéralas. Alínea los extremos de las hebras.

empieza metiendo las hebras de la cuerda izquierda en la derecha

2 Sigue los pasos uno al cuatro del empalme ojo de águila (págs.135–136). Empieza tejiendo la cuerda izquierda en la derecha. Completa dos rondas.

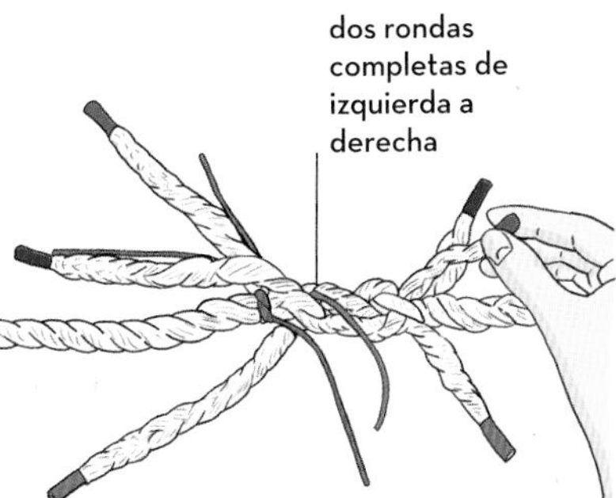
dos rondas completas de izquierda a derecha

3 Completa una ronda y teje la cuerda derecha en la izquierda. Aprieta las hebras y ajusta la alineación de ambas cuerdas. Afloja los nudos constrictores si es necesario.

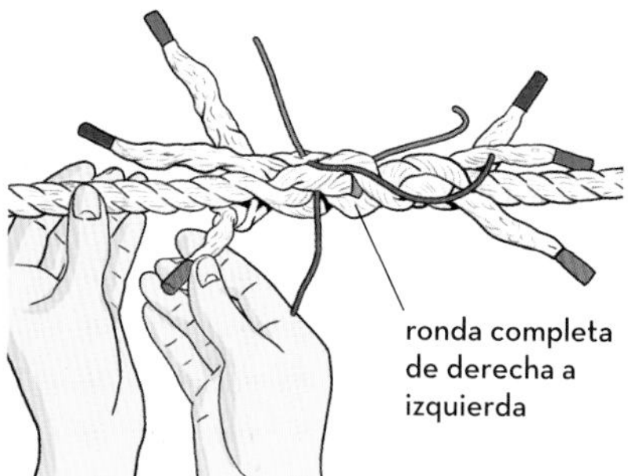

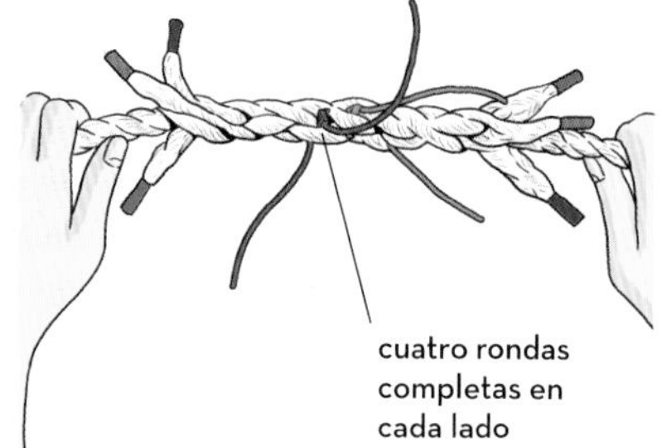

4 Haz otra ronda de la cuerda derecha en la izquierda, para tener dos rondas en cada dirección. Después alterna las rondas hasta tener cuatro en cada dirección.

5 Una vez terminado el empalme, corta y sella los extremos. Si quieres que el empalme no quede abultado, sigue con el paso seis.

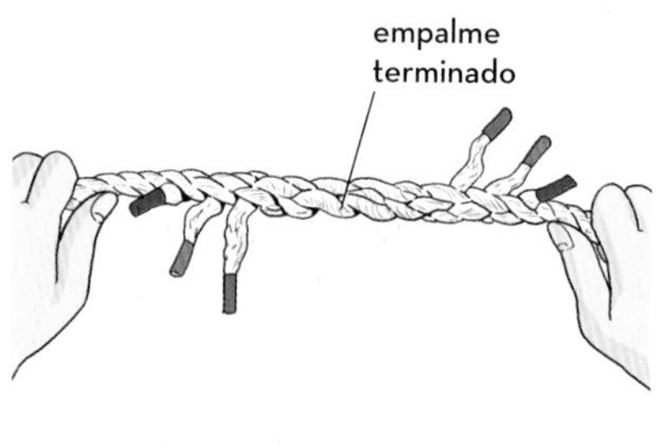

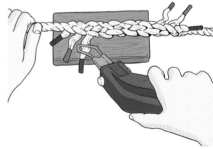

6 Una forma fácil de que no quede un bulto en el empalme es no pasar una hebra en cada ronda después de la tercera ronda, dejando fuera una hebra después de la cuarta ronda y haciendo una quinta ronda con esa hebra sobrante.

7 El empalme no queda abultado si se tejer las hebras en el orden correcto. Corta y sella los extremos.

NUDO IMPOSIBLE

Pide a tus amigos que hagan un nudo en una cuerda sujetándola con ambas manos y sin soltarla en ningún momento. El nudo no se puede deshacer al halar de la cuerda.

BEAR DICE

Para que salga bien el truco del nudo imposible y lo puedas hacer rápido, debes practicar mucho.

1 Pon la cuerda en una mesa. Antes de agarrarla, cruza los brazos. Después agáchate y agarra cada extremo de la cuerda con una mano.

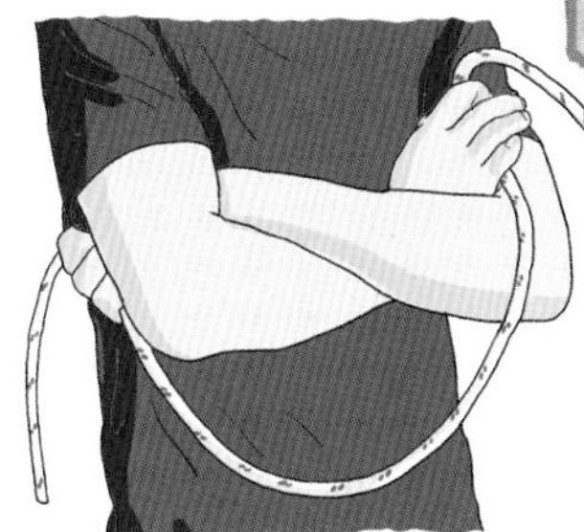

Los trucos con cuerdas consisten en hacer o deshacer un nudo que a primera vista parece imposible.

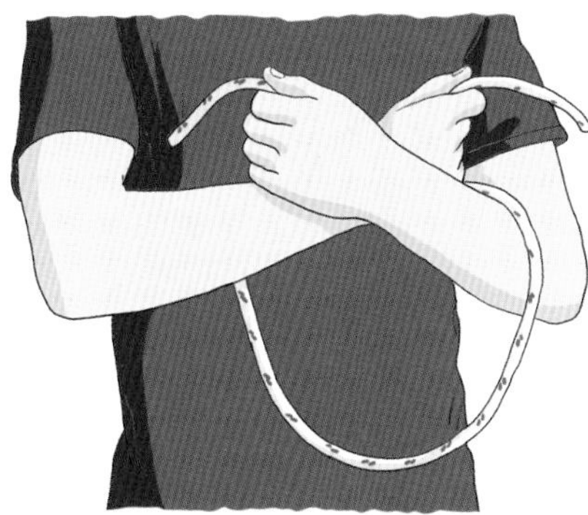

2 Sin soltar los extremos, descruza los brazos y separa las manos, de manera que la cuerda pase por encima de las muñecas y las manos

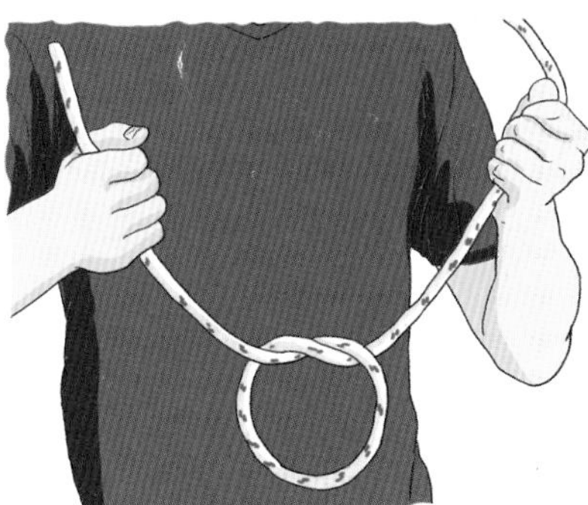

3 Con este truco has conseguido hacer una vuelta por arriba sin soltar la cuerda en ningún momento.

TRUCO DEL ANILLO

Con este truco puedes sacar un anillo enhebrado en un bucle cerrado. Necesitas una cuerda fina de unos 3 pies de largo. Practica antes hasta que sepas hacerlo rápidamente. Después pide a tus amigos que lo intenten y si no lo consiguen ¡muéstrales cómo se hace!

1 Con el bucle cerrado colgando sobre ambos pulgares, pasa el dedo meñique derecho alrededor de la parte de arriba de la cuerda, a la izquierda del anillo y desde atrás.

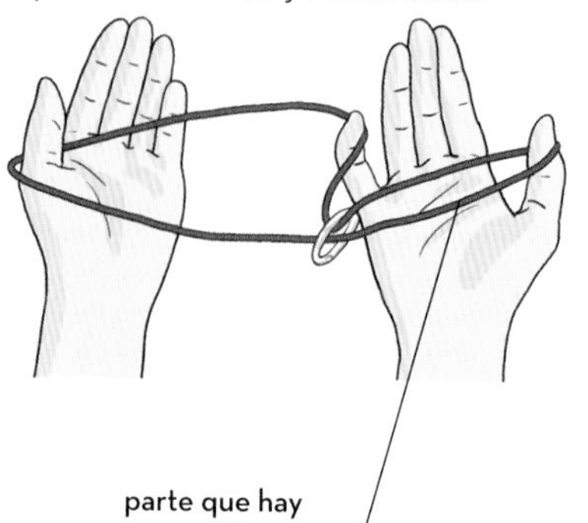
parte que hay que sujetar con el meñique en el paso 2

2 Pasa el el dedo meñique izquierdo por el bucle que has hecho con el meñique derecho, y pásalo alrededor de la parte de arriba de la cuerda a la derecha del anillo, desde detrás.

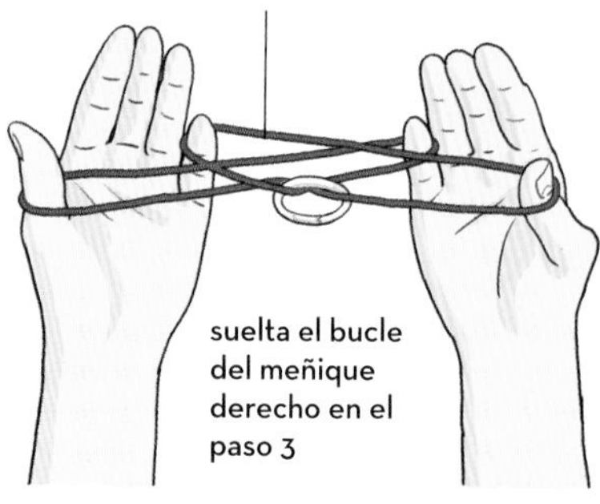
suelta el bucle del meñique izquierdo en el paso 3
suelta el bucle del meñique derecho en el paso 3

3 Para soltar el anillo, abre las manos y suelta el bucle de los dos meñiques.

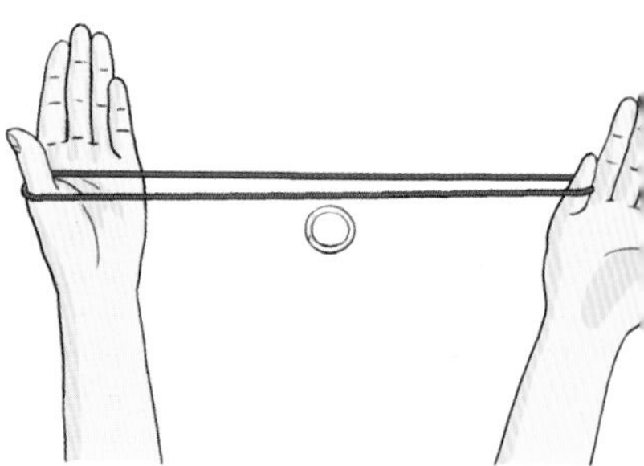

NUDO FALSO

Para hacer este truco, se hace nudo cuadrado. Parece complicado pero si se hace bien, el nudo se deshace por completo. El truco sale mejor con un cordel fino o una cuerda flexible en lugar de una cuerda gruesa o dura. Lo ideal es usar un cordel de unos 3 pies de largo.

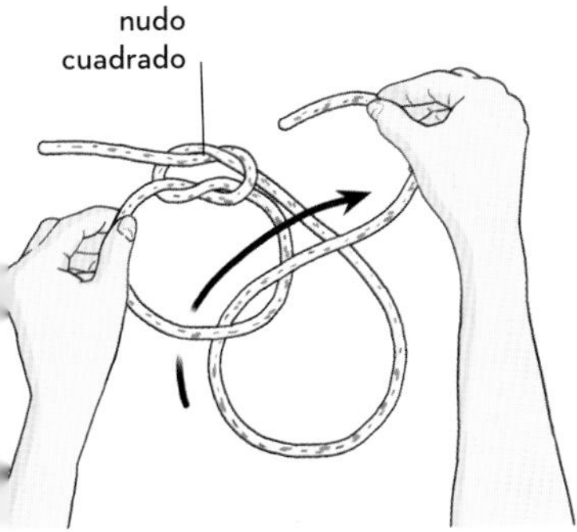

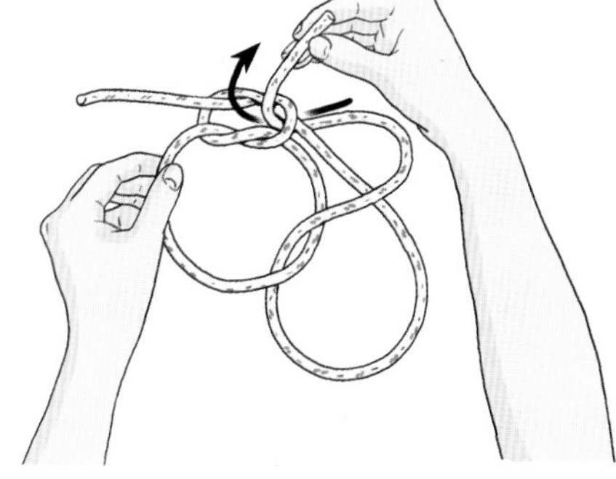

1 Haz un círculo con la cuerda y ata un nudo cuadrado arriba. Agarra el extremo que sale por la parte de detrás del nudo y pásalo por el círculo, de atrás hacia adelante.

2 Pasa ese mismo extremo por el centro del nudo cuadrado, de atrás hacia adelante.

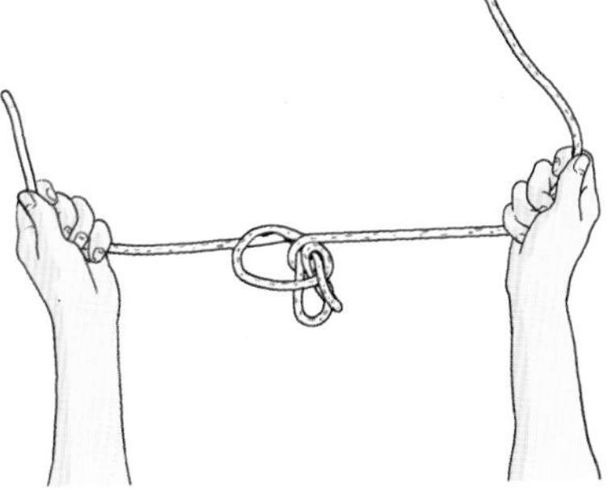

3 Hala con fuerza de los dos extremos de la cuerda. El nudo cuadrado desaparecerá por completo.

BEAR DICE

Una vez que domines este truco, ofrece a tus amigos una cuerda con un círculo y un nudo cuadrado y pídeles que lo deshagan sin desatarlo.

PELIGROS Y EMERGENCIAS

En este mundo hay muchos lugares increíbles para explorar, pero es fundamental que no salgas mal parado de tus aventuras. Nuestro planeta y sus animales a veces son peligrosos, con lo que debes aprender destrezas necesarias para ponerte a salvo en caso de emergencia.

Bear

EN ESTA SECCIÓN:

A SALVO EN LA NATURALEZA

Cuando inicias una aventura, es muy importante estar completamente preparado en caso de que te encuentres en peligro. Hay muchas formas de pedir ayuda y evitar lesiones, así que haz tu tarea y mantente a salvo.

Señales para pedir ayuda

Durante una emergencia, tu primer contacto con el mundo exterior podría ser un avión de búsqueda. Aprende las señales de comunicación entre tierra y aire para pedir ayuda. Puedes usar objetos y tu propio cuerpo.

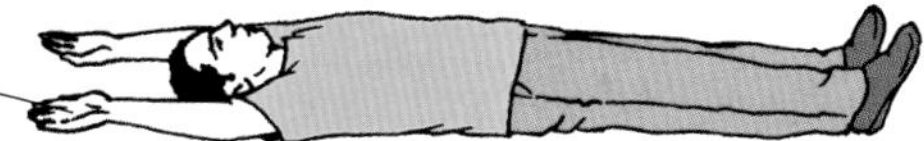
tumbado con los brazos por encima de la cabeza

Necesito asistencia médica

brazos en alto y con movimientos de lado a lado

No aterrice aquí

Aterrice aquí

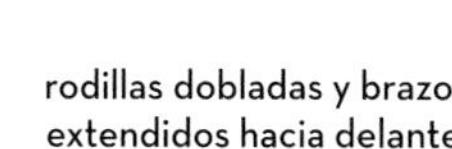
rodillas dobladas y brazos extendidos hacia delante, para señalar el lugar de aterrizaje

BEAR DICE

Si estás en apuros, estas señales podrían salvarte la vida. Elije una zona grande y abierta donde es más probable que te vean.

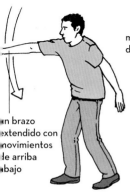

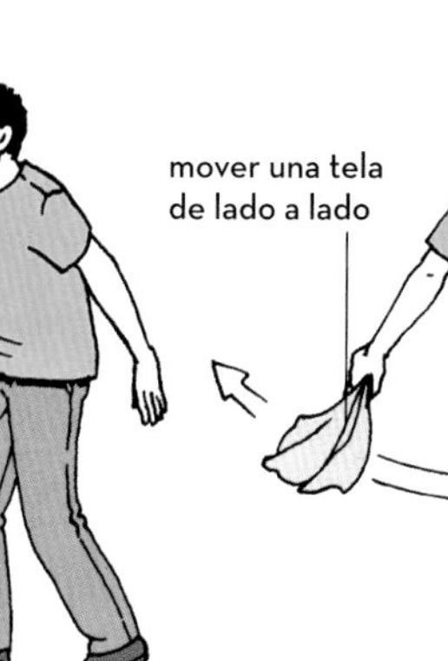
n brazo
xtendido con
novimientos
le arriba
bajo

Baje el mensaje

mover una tela de lado a lado

Negativo (no)

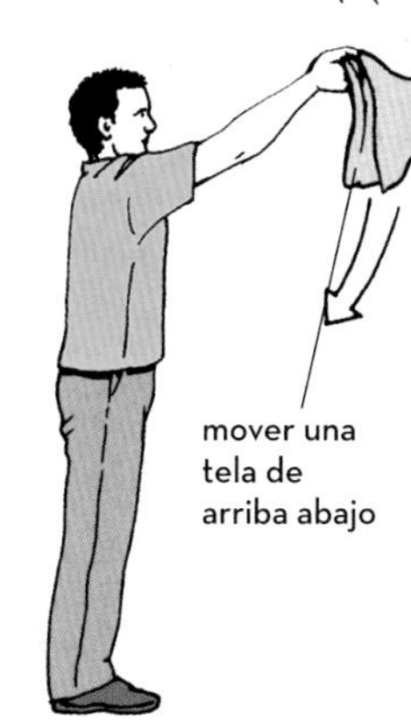
mover una tela de arriba abajo

Afirmativo (sí)

Conos de fuego

Tenlos preparados para usar en cualquier momento, con suficiente yesca seca.

Conos de humo

Durante el día, es más fácil ver el humo que el fuego. Alimenta las llamas con ramas verdes y caucho.

BEAR DICE

En cualquier lugar del mundo, tres objetos juntos indican que alguien está en peligro. ¡No olvides esta señal internacional para pedir ayuda!

Balsas salvavidas

En la densa jungla, la zona más despejada puede ser un río. Amarra tres balsas con una fogata encima para indicar que estás en peligro.

Llamarada de humo

El humo de la llama suele ser rojo o anaranjado y se puede ver a 3 millas de distancia.
cordón en el extremo que al halarlo activa el mecanismo interno

Otros tipos de señales

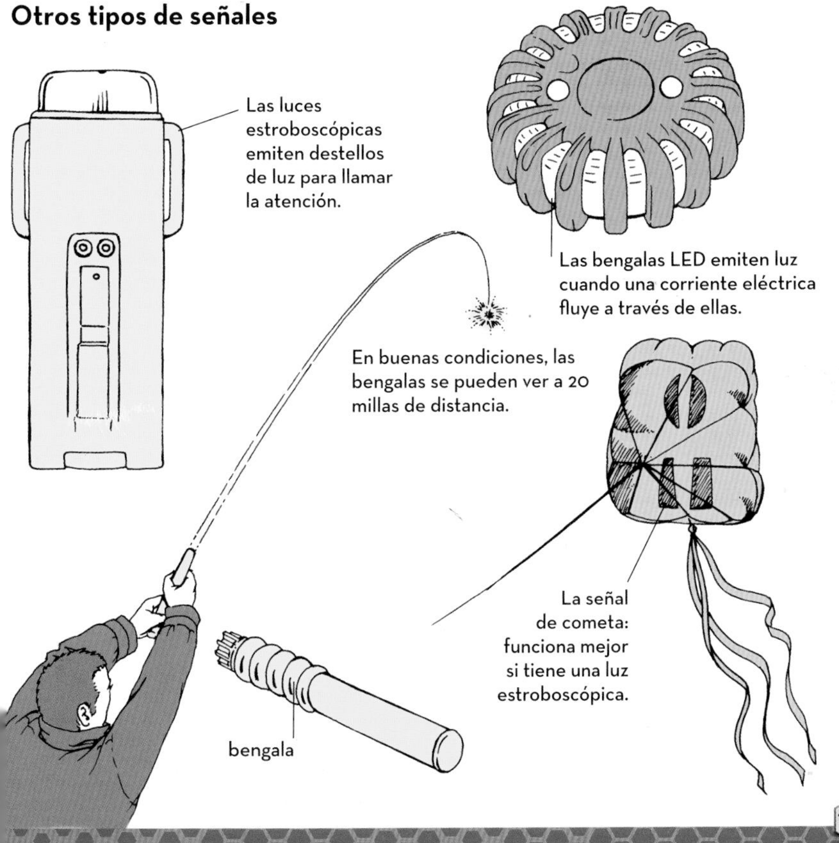

Las luces estroboscópicas emiten destellos de luz para llamar la atención.

Las bengalas LED emiten luz cuando una corriente eléctrica fluye a través de ellas.

En buenas condiciones, las bengalas se pueden ver a 20 millas de distancia.

La señal de cometa: funciona mejor si tiene una luz estroboscópica.

bengala

Espejo de señales

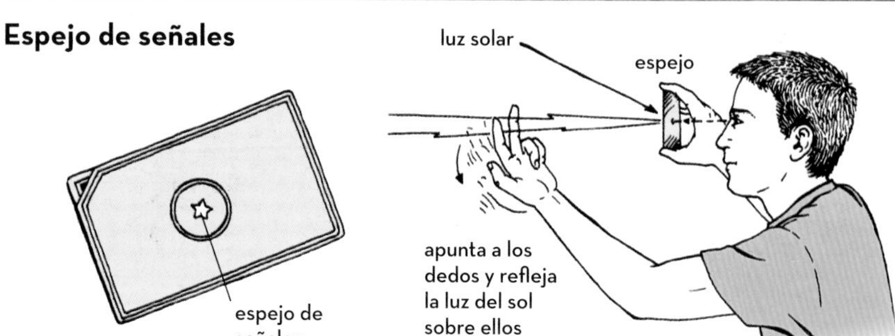

La mejor manera de hacer señales en plena la luz del día es con un espejo, ya que los destellos se ven fácilmente. Lleva un espejo si vas a estar en lugares poco transitados.

Balizas personales de localización

Las balizas personales de localización de alta tecnología (PLB, por sus siglas en inglés) son dispositivos pequeños y livianos que se pueden usar en caso de emergencia en cualquier parte del mundo. Primero, se activa la PLB (1), esta envía una señal a una red de satélites espaciales (2). Una estación en tierra recibe la señal del satélite (3). Le estación notifica al centro de búsqueda y rescate (4) para que envíe ayuda (5).

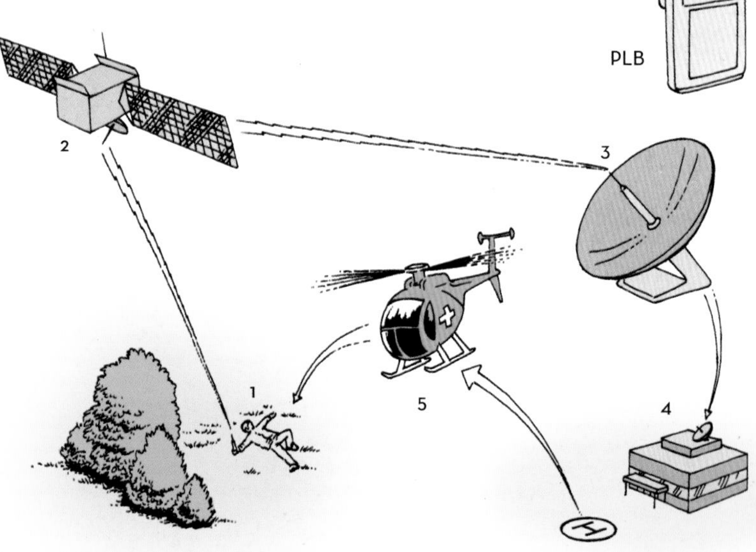

Señales de aviones

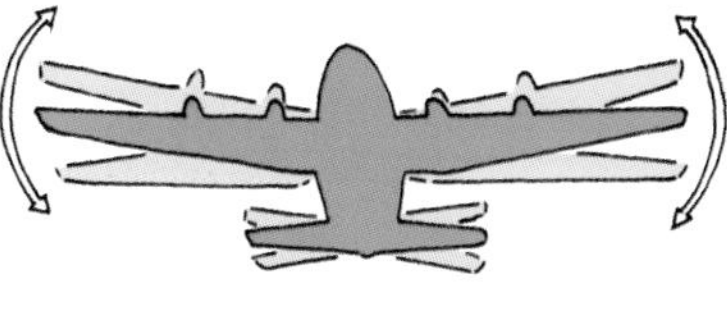

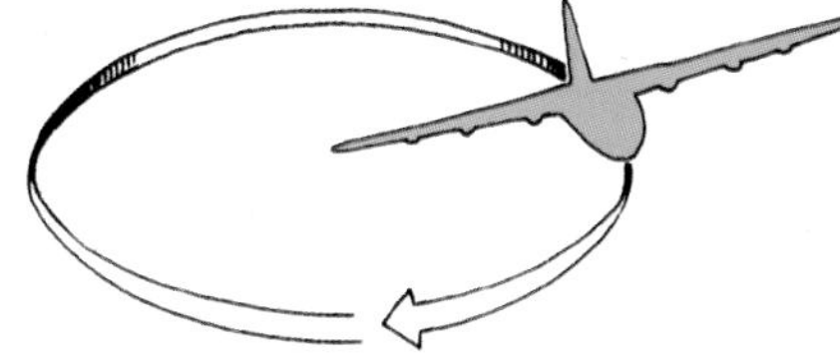

Ala oscilante

Si el avión mueve las alas de lado a lado, el piloto ha entendido tu señal.

Volar en sentido de las agujas del rejoj

Esta maniobra indica que no han entendido tu señal.

Preparar la zona de aterrizaje para un helicóptero

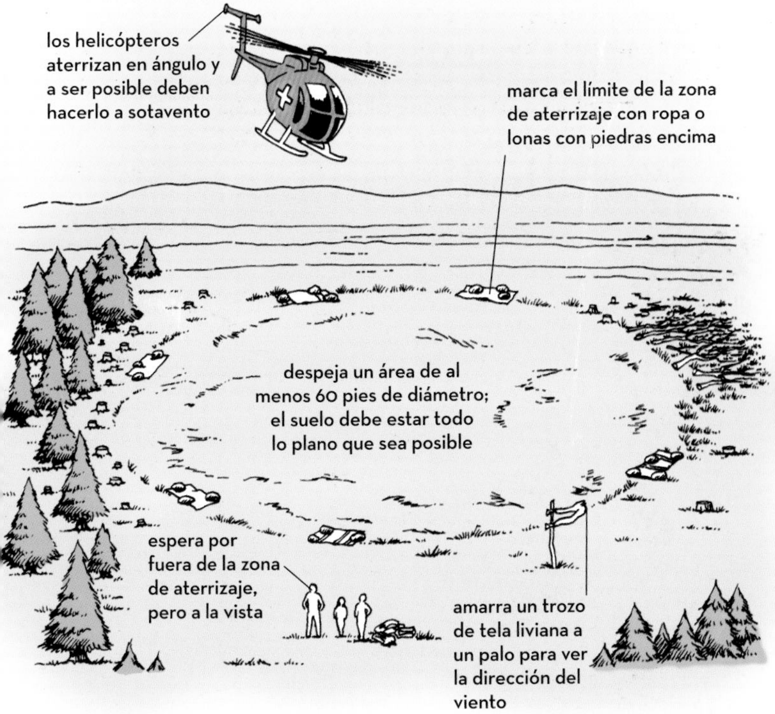

los helicópteros aterrizan en ángulo y a ser posible deben hacerlo a sotavento

marca el límite de la zona de aterrizaje con ropa o lonas con piedras encima

despeja un área de al menos 60 pies de diámetro; el suelo debe estar todo lo plano que sea posible

espera por fuera de la zona de aterrizaje, pero a la vista

amarra un trozo de tela liviana a un palo para ver la dirección del viento

ANIMALES PELIGROSOS

Casi todos los animales evitan el contacto con los humanos, pero conviene saber qué especies son peligrosas y cómo puedes defenderte.

Insectos

Los insectos son animales pequeños, casi todos con alas y seis patas. La mayoría son inofensivos, pero algunos son letales.

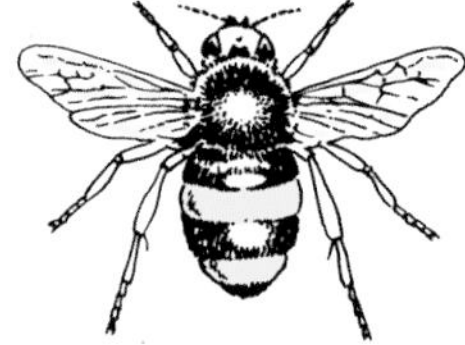

Abeja

La picadura de una aveja es dolorosa, pero solo pone en peligro la vida de las personas alérgicas. Si te ataca un enjambre de abejas, aléjate del lugar, protégete la cara y busca refugio.

Hormiga

Las picaduras de hormiga van de inofensivas a agonizantes. No te acerques a la hormiga bala de América Central y del Sur. Su picadura es más dolorosa que la de cualquier otra hormiga, abeja o avispa.

Avispas y avispones

Estos insectos emparentados con las abejas y hormigas pican una y otra vez. Son agresivos cuando buscan comida. Les atraen los olores dulces. Mantente alejado de los nidos ya que las reacciones alérgicas pueden ser fatales.

Mosquito

El mosquito es una de las criaturas más letales de la Tierra. Las enfermedades que transmiten suponen un gran problema en los trópicos y en regiones templadas.

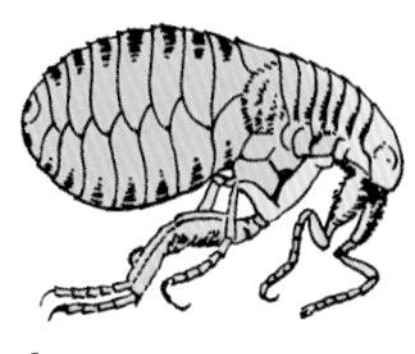

Pulga

La picadura de pulga solo suele producir irritación, aunque puede causar muchas enfermedades, como la enfermedad de Lyme y la peste bubónica. Considéralas como una amenaza.

Mosca Tsé-Tsé

Estos grandes insectos chupadores de sangre se encuentran en África entre el desierto del Sahara y el Kalahari. Son portadores del parásito que causa la enfermedad del sueño, que puede ser fatal.

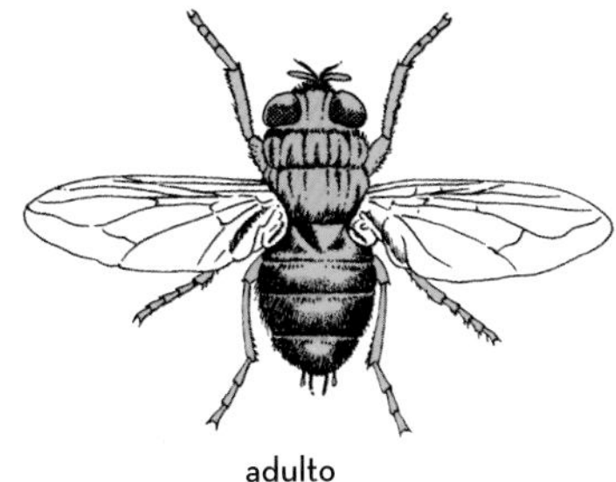

adulto

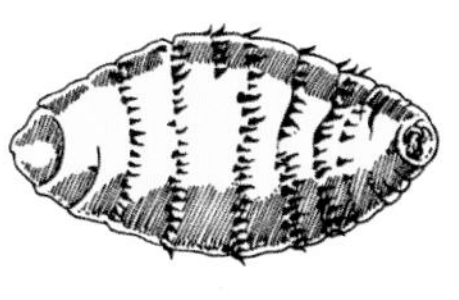

larva

Rezno

El huevo del rezno humano (nativo de México, Centro y Sudamérica) eclosiona cuando detecta calor humano. Después, la larva penetra en la piel donde crece durante aproximadamente ocho semanas. Puede causar hinchazones dolorosas, pero aparte de eso, son inofensivos.

Cómo sacar una larva de rezno

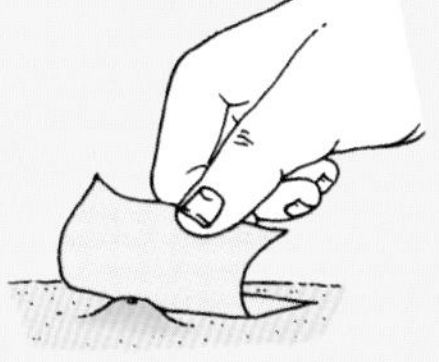

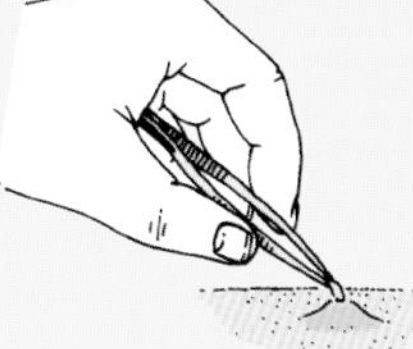

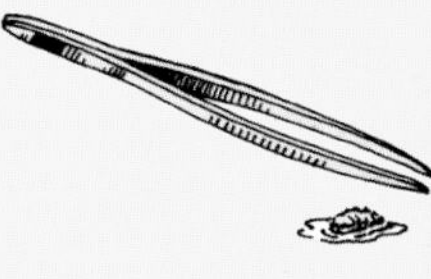

1 La larva tiene que respirar para vivir. Cúbrela con cinta americana para cortar su suministro de aire.

2 Aplica presión alrededor de la herida y cuando asome la cola, sujétala con con unas pinzas.

3 Hala hasta sacar por completo la larva. Desinfecta y venda la herida.

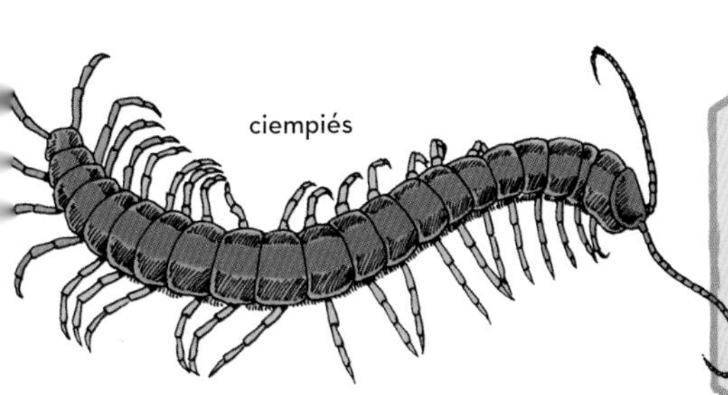

ciempiés

BEAR DICE

Las mordidas de los ciempiés, especialmente de las especies más grandes, pueden ser dolorosas y venenosas. Si te muerde uno, limpia la herida y pide ayuda.

Arácnidos

Los arácnidos tienen ocho patas y el cuerpo dividido en dos partes. Estos son los más peligrosos.

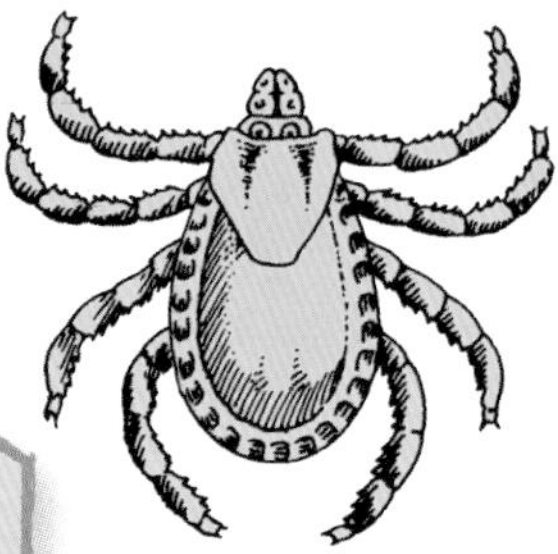

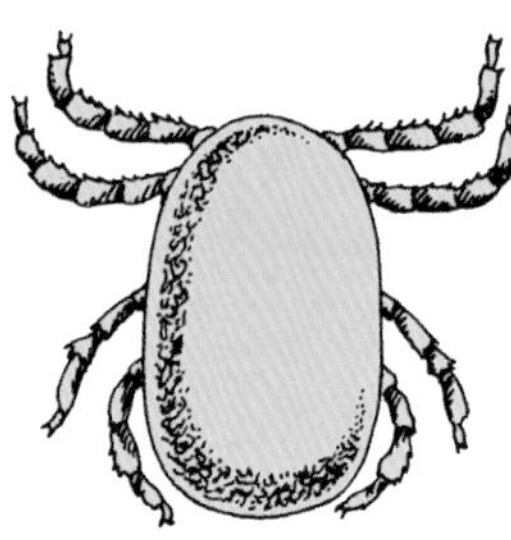

BEAR DICE

Para quitar una garrapata, usa unas pinzas finas y agarra la garrapata lo más cerca posible de tu piel. Tira hacia arriba con una presión constante.

Garrapata dura

Estos pequeños arácnidos chupadores de sangre son responsables de la propagación de muchas enfermedades. Casi todas las especies pertenecen a la familia de garrapatas duras. Tienen una placa dura tipo escudo detrás de las piezas bucales.

Garrapata blanda

Las garrapatas blandas son menos comunes. Tienen forma redondeada y piezas bucales que no se pueden ver desde arriba. Se alimentan principalmente de aves y pequeños mamíferos, pero también eligen hospedadores humanos.

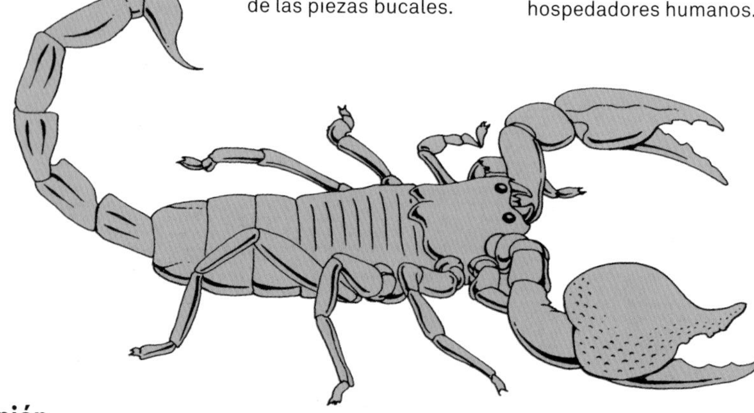

Escorpión

Unas 25 especies de escorpiones son letales. Viven en el norte de África, Oriente Medio, India, México y partes de Sudamérica. Las otras 1,000 especies pueden causar picaduras muy dolorosas.

Araña tela de embudo

En Australia, hay unas 40 especies de arañas tela de embudo. La tela de embudo de Sydney es muy venenosa y seguramente es la más peligrosa del mundo. Si la molestan, ataca repetidamente.

Araña viuda

Muchas arañas de este grupo son muy venenosas. Las más conocidas son la viuda negra (América del Norte), la espalda roja (Australia) la marrón (sur de África). Las mordeduras pueden ser letales.

Araña errante brasileña

Este grupo de arañas agresivas se encuentra en América Central y del Sur, además de los cargamentos de bananas que van a todo el mundo. Su veneno es más tóxico que el de cualquier otra araña.

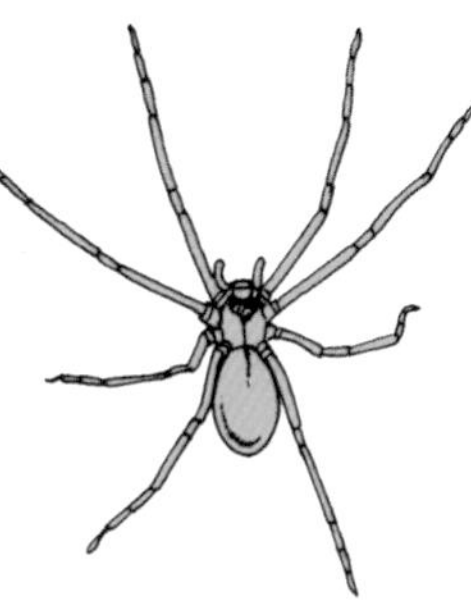

Tarántula

Estas arañas espeluznantes en realidad son bastante tímidas. Casi todas las picaduras de tarántula son como las picaduras de avispa, aunque hay una especie que causa alucinaciones. Algunas tarántulas se defienden lanzando unos pelos que causan irritación.

Araña reclusa

Las mordeduras de estas arañas pueden causar muerte del tejido celular que requiere injertos de piel y en casos extremos, cirugías. Sin embargo, normalmente solo causan daños leves y picazón en la piel.

Reptiles

Los animales de sangre fría, como los reptiles, están cubiertos de escamas o placas óseas. Las serpientes y los lagartos pertenecen a este grupo, y las mordeduras de muchos pueden ser letales.

Serpientes de América

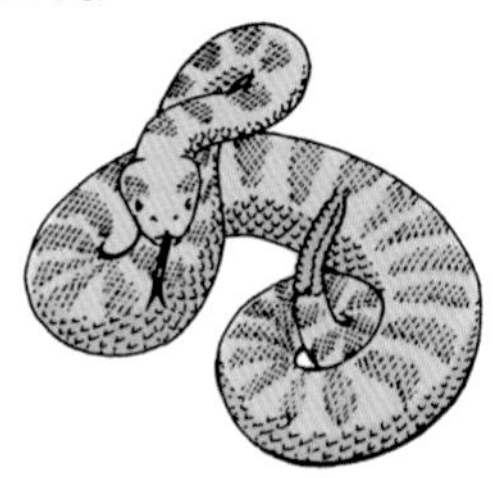

Cabeza de cobre

Estas serpientes norteamericanas se camuflan bien y permanecen inmóviles cuando se sienten amenazadas. Esto significa que pueden morder si son pisoteadas por accidente. Por suerte, sus mordeduras rara vez son fatales.

Serpiente de cascabel

Estas serpientes causan la mayoría de las heridas y muertes de serpientes en América del Norte (aun así, las muertes son muy raras). A pesar de su reputación, son tímidas y suelen emitir un sonido de advertencia cuando se sienten amenazadas.

Cascabel muda

Este género de grandes víboras venenosas se encuentra en áreas forestales remotas de América Central y del Sur. La cascabel muda puede atacar repetidamente e inyectar grandes cantidades de veneno.

Serpiente de coral

Hay más de 65 especies reconocidas de serpientes de coral en las Américas. Su veneno es muy potente, pero debido a su naturaleza calmada y sus pequeños colmillos, las muertes y las lesiones son raras. Muchas serpientes inofensivas imitan la coloración de las serpientes de coral para protegerse.

Boca de algodón

Esta víbora es originaria del sureste de los Estados Unidos. Amenaza abriendo la boca y haciendo vibrar su cola. Las mordeduras son dolorosas y pueden ser fatales.

Serpientes de África y Asia

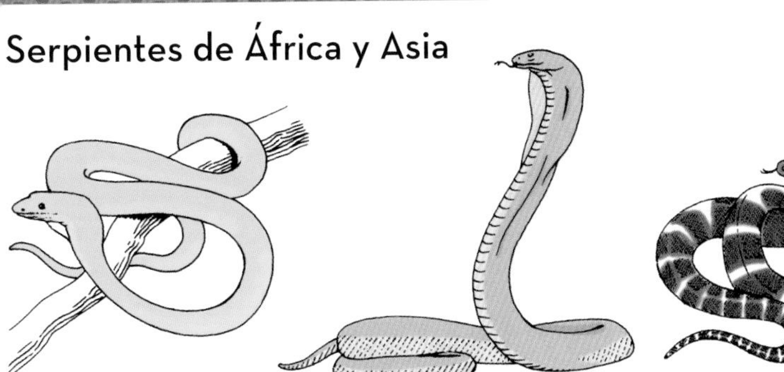

Culebra arborícola

El veneno de esta serpiente subsahariana funciona como hemotoxina. Una pequeña cantidad de veneno causa hemorragias internas y externas graves. Atacan rápido si las molestan.

Cobra

Casi todas las especies de cobra se alzan y extienden el cuello a modo de amenaza. Algunas pueden "escupir" veneno a 8 pies de distancia. Apuntan a su enemigo a los ojos produciéndole un dolor intenso.

Krait

Este grupo de serpientes se encuentra en las selvas de la India y el sudeste de Asia. Tienen una neurotoxina que causa parálisis muscular (pérdida de movimiento).

Víbora gariba

Esta pequeña serpiente viven en las sabanas secas. Cuando se asusta, hace un sonido frotando los lados de su cuerpo. Es muy peligrosa.

Víbora bufadora

Esta especie de serpiente es la responsable de más muertes por mordedura de serpiente en África. Cuando se acerca, pone la cabeza cerca de sus anillos, emite un fuerte silbido y se apresura a atacar.

Mamba

Casi todas las especies de mamba son arborícolas. La excepción es la mamba negra terrestre, la serpiente más rápida del mundo y la más mortal de África. Sin tratamiento, su mordedura es fatal.

Serpientes de Australia

Serpiente marrón oriental

Esta especie es responsable de la mayoría de las muertes por mordedura de serpiente en Australia. Su veneno es más tóxico que el de cualquier otra serpiente terrestre del mundo, a excepción del taipán del interior.

Negra de vientre roj

La serpiente negra de vientre rojo se encuentra en bosques, pantanos y áreas urbanas del este de Australia. Suelen evitar el ataque. Las mordeduras son peligrosas, pero rara vez son fatales.

Taipán

Todas las especies de este grupo son peligrosas. La taipán del interior es la serpiente terrestre más venenosa del mundo. Sin embargo, muy pocas personas viven en su hábitat, y todas las víctimas de mordeduras han sido tratadas con éxito con el antídoto.

Serpiente tigre

La serpiente tigre común se encuentra en el sur y este de Australia. Produce un veneno muy tóxico en grandes cantidades. El veneno afecta principalmente al sistema nervioso central, pero también causa lesiones musculares y afecta a la coagulación de la sangre.

Víbora de la muerte

La víbora de la muerte se encuentra en la mayor parte de Australia, Nueva Guinea y las islas cercanas. Tienen colmillos relativamente grandes y veneno tóxico. Antes de que existiera el antídoto, el 60 por ciento de las mordeduras en humanos eran fatales.

Serpientes marinas

Hydrophiinae

Se encuentran en aguas cálidas y costeras desde el Océano Índico hasta el Pacífico. El veneno de algunas especies es más tóxico que el de cualquier serpiente terrestre. Son curiosas y se acercarán a buceadores y nadadores, pero generalmente son tranquilas y no suelen atacar.

Serpientes de Europa

Víbora común

La víbora común es la única serpiente venenosa de Europa. Se encuentra en zonas muy pobladas y sus mordeduras son habituales, pero rara vez fatales. La víbora común tiene parientes más grandes y peligrosos en el sur de Europa.

BEAR DICE

El veneno de serpiente puede ser mortal. Puede contener neurotoxinas que afectan al sistema nervioso o hemotoxinas que destruyen los glóbulos rojos. ¡Mantente alejado!

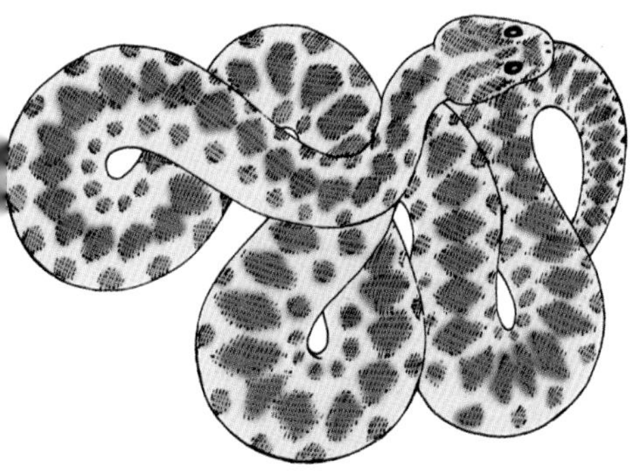

Evitar mordeduras de serpiente

Las serpientes son tímidas y a no ser que las pises, las arrincones o las agarres, no suponen gran peligro para los humanos. Cuando estés en su hábitat, sigue estos consejos para evitar que te muerdan.

usa botas resistentes y pantalones largos para proteger las partes vulnerables del cuerpo que están cerca del suelo

lleva un palo para apartar los troncos y los arbustos

siempre que sea posible no te salgas del camino

Tratamiento de mordeduras de serpiente

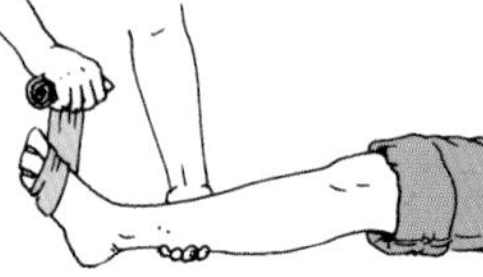

1 Las mordeduras suelen ocurrir en una extremidad. Aplica un vendaje de presión justo por encima de los dedos de los pies o de las manos.

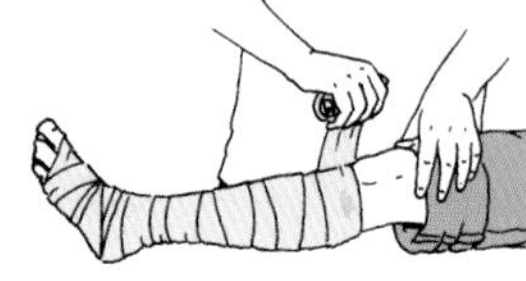

2 Continúa hasta la parte más arriba posible de la extremidad. Esto ralentiza el movimiento del veneno y la aparición de los síntomas.

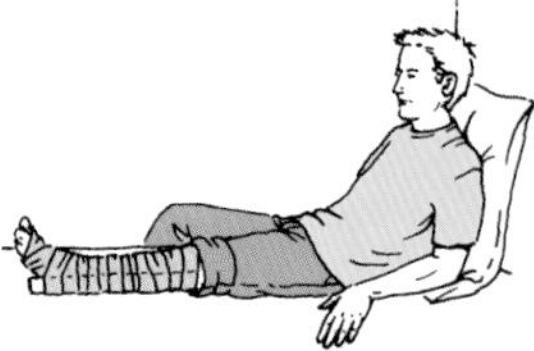

3 Entablilla la extremidad y mantenla por debajo del nivel del corazón. Manten a la víctima calmada y asegúrate de que respira normalmente.

Lagartos

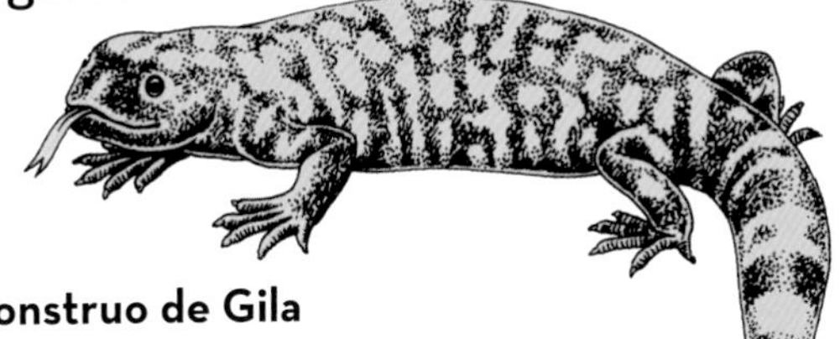

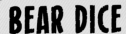

Monstruo de Gila

Esta especie venenosa es originaria del suroeste de los EE. UU. y del estado de Sonora, en el noroeste de México. Aunque su mordedura es extremadamente dolorosa, no se ha confirmado ninguna muerte humana.

BEAR DICE

Es raro que una serpiente persiga a una persona, así que si te encuentras con una en la naturaleza, mantén la calma y retrocede lentamente.

Lagarto moteado

Un pariente cercano del monstruo de Gila, el lagarto moteado se encuentra principalmente en México y en el sur de Guatemala. Su picadura causa gran dolor, hinchazón y una disminución rápida de la presión arterial.

Cocodrilo

Dos especies de cocodrilo comen hombres: el del Nilo y el de agua salada. No te acerques al agua si sabes que podrían estar ahí.

Caimán

El caimán americano es originario del sureste de los Estados Unidos. Suele atacar sin provocación, y sus mordeduras producen infecciones peligrosas.

Animales acuáticos

Los océanos, ríos y lagos pueden ser lugares peligrosos. Es muy importante saber reconocer estos animales si vas a meterte en el agua.

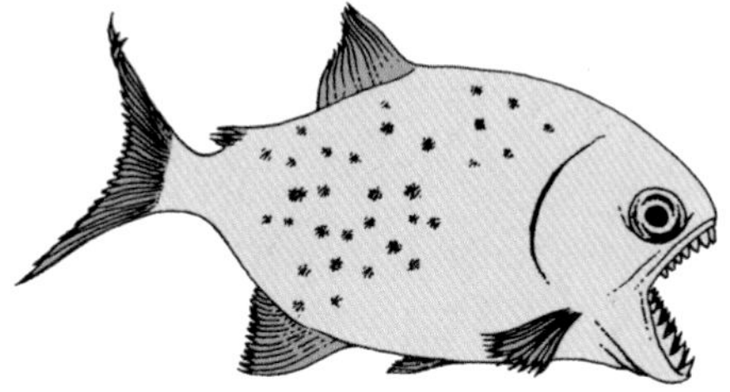

Piraña

La boca de estos peces de agua dulce de América del Sur está llena de dientes triangulares y afilados que pueden perforar y desgarrar. No van a devorar a un humano hasta los huesos, pero pueden arrancarle la carne y hasta los dedos de los pies.

Candirú

El pez más temido del Amazonas vive en las branquias de peces más grandes y se alimenta de su sangre. También puede meterse en la uretra humana (el tubo que conecta la vejiga con el exterior del cuerpo).

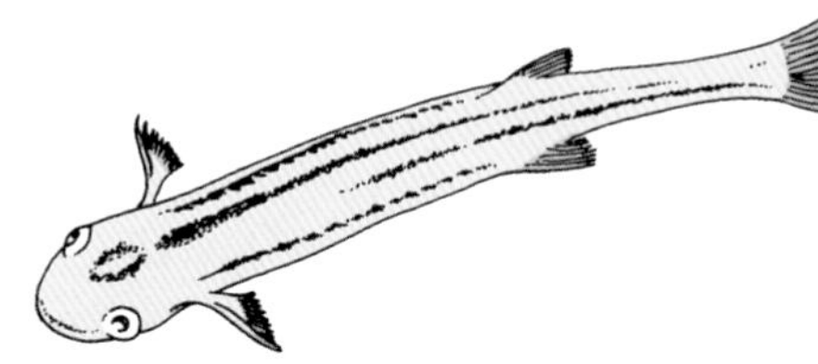

Tiburón toro

Esta especie de tiburón vive en el océano abierto y en ríos a cientos de kilómetros de la costa. Debido a que su hábitat es tan amplio y que es muy agresivo, muchos expertos piensan que es la especie más peligrosa de tiburón.

Anguila eléctrica

Cuando estos grandes peces de Sudamérica se enojan, pueden lanzar descargas eléctricas de 600 voltios, más que suficiente para matar. Sin embargo, las muertes son muy raras.

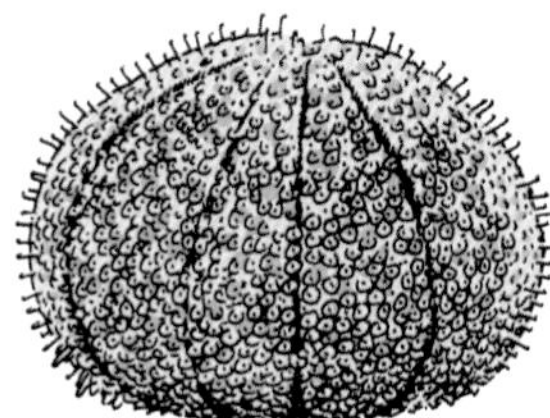

Erizo flor

Muchos erizos de mar están armados con espinas afiladas y peligrosas. Las espinas del erizo flor inyectan un veneno extremadamente tóxico. Las lesiones son muy dolorosas y se han registrado muertes.

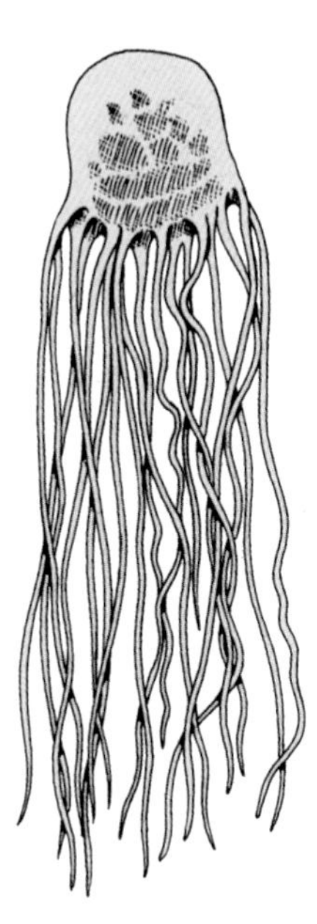

Cubomedusa

Estas medusas mortales viven en aguas costeras del norte de Australia y en todo el Indo-Pacífico. Su picadura es tan insoportable que la víctima puede entrar en shock y ahogarse si nada sola o morir de insuficiencia cardíaca.

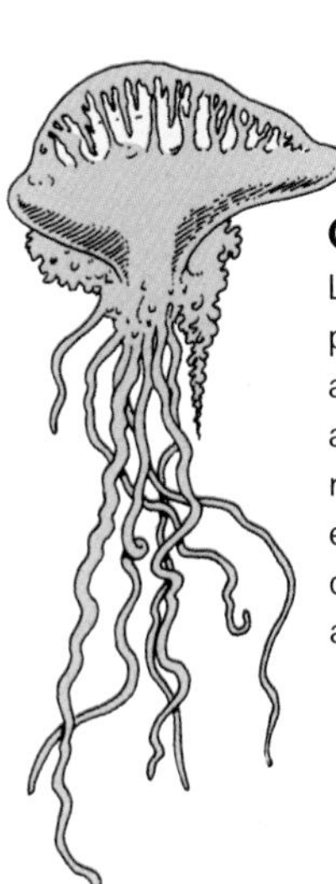

Carabela portuguesa

La picadura de la carabela portuguesa causa dolor severo y, en algunos casos, fiebre y conmoción, así como problemas cardíacos y respiratorios. Para tratarla, elimina el aguijón, lava la zona con agua de mar y después, sumerje el área afectada en agua caliente.

Caracola cono

Estos lindos caracoles marinos usan veneno para cazar a sus presas. Una picadura de una caracola grande produce un dolor intenso y podría ser mortal. Se trata como una mordedura de serpiente, pero no existe antídoto.

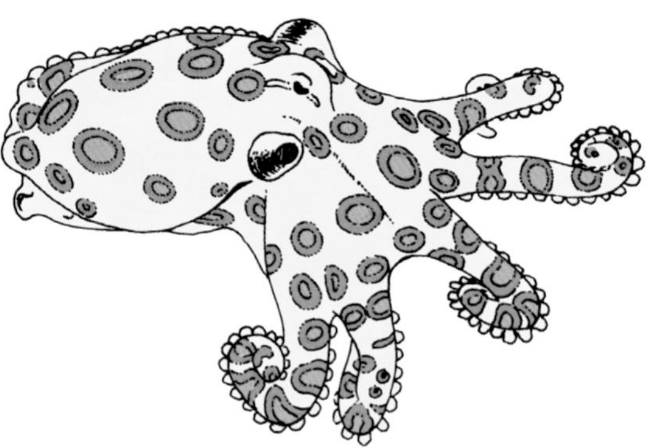

Pulpo de anillos azules

Estos pulpos viven en pozas de agua en el Océano Pacífico desde Japón hasta Australia. Aunque son pequeños y calmados, tienen suficiente veneno como para matar a 26 adultos en cuestión de minutos. Su picadura puede provocar parálisis total sin pérdida de conocimiento. Las víctimas requieren respiración artificial para sobrevivir.

Pez aguja

Estos peces de aguas marinas poco profundas dan saltos pequeños por encima del agua a velocidades de hasta 40 mph. Su pico afilado puede hacer heridas profundas y a menudo se rompe dentro de la víctima.

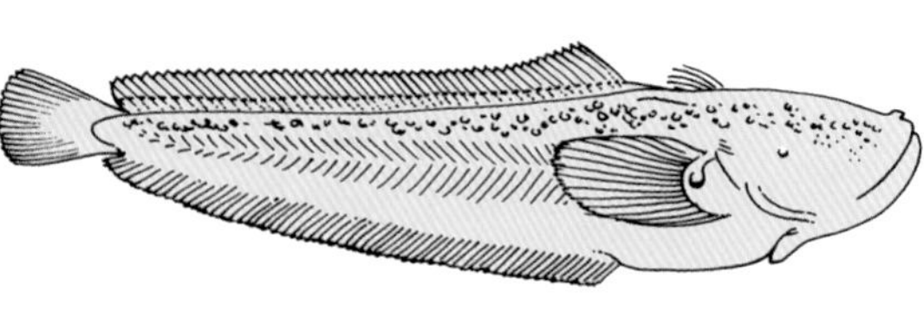

Pez sapo

Los peces sapo son venenosos y viven en aguas tropicales frente a las costas de América Central y del Sur. Tienen espinas muy afiladas y venenosas escondidas en sus aletas dorsales. Se entierran en la arena y es fácil pisarlos accidentalmente.

Pez piedra

El pez más venenoso del mundo vive en las aguas costeras del Indo-Pacífico tropical. Los síntomas de su veneno son debilidad muscular, parálisis temporal y shock, que pueden causar la muerte si no se tratan.

Tiburón

Aunque son muy temidos, los ataques de tiburones a humanos son extremadamente raros. Los humanos no suelen ser las presas de ningún tiburón. Solo algunas especies de tiburones, como el gran tiburón blanco, el tigre y el toro, han protagonizado un número considerable de ataques fatales y no provocados.

Pez león

Este género de peces agresivos es originario del Indo-Pacífico tropical y se ha introducido en las aguas costeras del Atlántico de los Estados Unidos. Su veneno puede provocar vómitos, fiebre y sudores, y en algunos casos ha resultado letal.

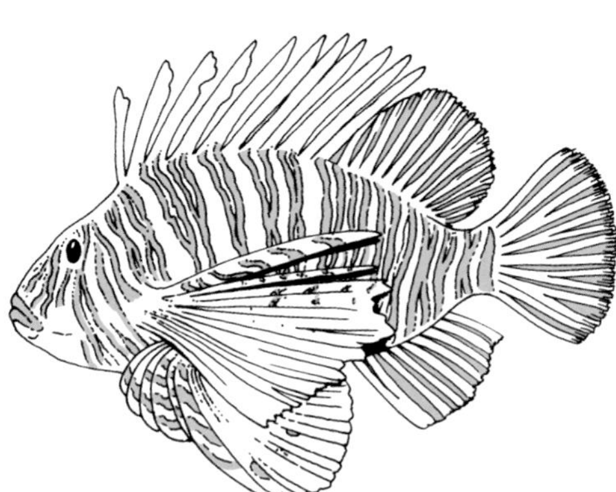

Mantarraya

Estos peces suelen ser apacibles, pero tienen un aguijón con púas venenosas en la cola. La gente se suele pinchar accidentalmente al pisarlos. Las picaduras causan dolor, hinchazón, náuseas y calambres musculares.

Mamíferos

Los mamíferos son animales de sangre caliente que tienen el cuerpo cubierto de pelaje o pelo y alimentan a sus crías con leche. Algunos mamíferos grandes, como estos, puede ser muy peligrosos si los molestan.

Oso negro americano

Estos osos de tamaño mediano rara vez atacan a los humanos, pero aún así debes evitar el contacto. Los osos negros más peligrosos son los que tienen hambre o se han acostumbrado al contacto humano.

Oso pardo

Estos osos grandes son normalmente impredecibles y atacan cuando se asustan o se sienten amenazados. Las madres con crías son especialmente peligrosas. Si te ataca uno, protégete la parte posterior del cuello y hazte el muerto.

Oso polar

Evita todo contacto con el mayor carnívoro terrestre. Un oso polar bien alimentado puede acercarse a un humano por curiosidad, pero si está hambriento puede acecharlo, matarlo y devorarlo. Sin un arma, es poco probable salir con vida y tu mejor opción es agacharte y hacerte el muerto.

Murciélago vampiro

El murciélago vampiro común es nativo de los trópicos y subtrópicos de las Américas. Se alimenta de sangre humana cuando escasea el ganado. Sus picaduras pueden causar la rabia, una infección viral mortal.

Toro

No hay nada como un toro grande para convertir un paseo agradable en una pesadilla. Nunca le des la espalda a un toro que tiene la cabeza baja o está pateando el suelo. Retrocede lentamente.

Rinoceronte

Las cinco especies vivas de rinoceronte atacan sin ser provocadas. Al tener muy mala vista, a menudo entran en pánico cuando oyen o huelen algo que no reconocen.

BEAR DICE

¡Nunca enojes a un hipopótamo! Han causado más muertes humanas en África que cualquier otro animal grande.

Tigre

El tigre es el felino más grande. Los humanos no son sus presas, aunque algunos tigres han causado la muerte de cientos de personas.

León

Al igual que con los tigres, los humanos no son la presa favorita de los leones. Sin embargo, cuando los asentamientos humanos invaden su territorio y escasean los animales que cazan, los leones cazan y matan a personas.

Leopardo

Los leopardos raramente atacan a los humanos; sin embargo, si están heridos, enfermos o tienen dificultades para encontrar comida, pueden recurrir a la carne humana. Según los informes, el "leopardo de Panar" mató a unas 400 personas en el norte de la India a principios del siglo XX.

Lobo

Como cualquier depredador grande, el lobo es un animal peligroso y evitarlo es de sentido común. Por suerte, raramente atacan a las personas. Los lobos con la enfermedad de la rabia en la fase "agresiva" son los más peligrosos.

PLANTAS PELIGROSAS

Las plantas han desarrollado una serie de defensas efectivas contra los animales que quieren comérselas. Algunas producen lesiones con tan solo rozarlas.

Ortiga

Esta planta es común en muchas partes templadas del mundo. Los pelos de las hojas y los tallos contienen sustancias químicas irritantes que se liberan cuando la planta entra en contacto con la piel.

pelos de ortiga

Cactus

Las espinas grandes de los cactus se pueden quitar con pinzas. Hazlo despacio porque algunas espinas tienen púas en la punta. Para eliminar las espinas finas y muy pequeñas, cubre el área con cinta americana y luego retírala con cuidado.

zumaque venenoso

roble venenoso

hiedra venenosa

Hiedra venenosa, roble venenoso y zumaque venenoso

Estas plantas crecen en algunas zonas de los Estados Unidos y el sur de Canadá. La gente reacciona de manera diferente al entrar en contacto con ellas, pero la mayoría sufre erupciones y ampollas.

Gimpi gimpi

Hay unas 37 especies de arbustos venenosos en el sudeste asiático, Australia y las islas del Pacífico. Mantente alejado del Gimpi gimpi australiano, ya que solo rozarlo produce meses de dolor agonizante.

ARENAS MOVEDIZAS

Las arenas movedizas son una combinación de arena fina, limo y arcilla completamente saturada de agua. Aunque resulta difícil salir de ellas, es posible escapar.

1 Si sientes que te está hundiendo en las arenas movedizas, actúa rápidamente.

2 Quítate la mochila o cualquier otro equipo pesado y lánzalo a un lado.

3 Déjate caer de espaldas para repartir el peso. Después, intenta sacar las piernas.

4 Muévete como una serpiente o como si estuvieras nadando para regresar a tierra firme. Puedes tardar horas en salir, pero en cualquier momento puedes tomarte un descanso.

BEAR DICE

Escapar de las arenas movedizas es una batalla. La regla número uno es mantener la calma. Una vez que hayas salido, lávate bien para evitar lesiones adicionales por rozaduras.

BUSCAR AGUA

Si te pierdes o empiezan a agotarse tus suministros de agua, tu prioridad es encontrar agua. En algunos lugares, el agua se encuentra fácilmente, pero en lugares áridos es como una carrera entre la vida y la muerte.

Pistas de animales

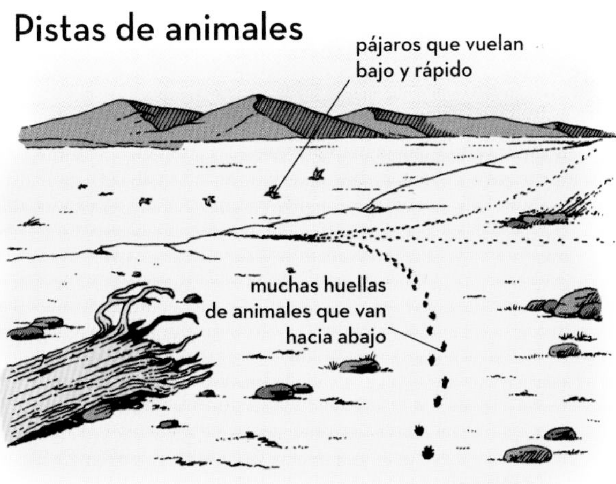

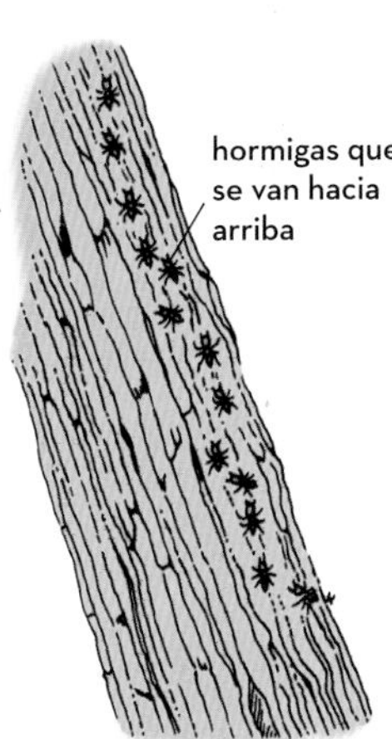

Sigue a los animales

Todos los seres vivos necesitan agua para sobrevivir. Observa a los animales en tu entorno y obtendrás pistas valiosas. No te olvides de observar las plantas. La presencia de plantas inusualmente verdes en un paisaje árido podría indicar que hay agua debajo de la superficie.

Hormigas en fila

Una fila de hormigas que sube por el tronco de un árbol puede indicar que hay una reserva de agua.

Distancia al agua

Abejas

Normalmente a 3 millas.

Moscas

Normalmente a 1.5 millas.

Mosquitos

Normalmente a 1,500 pies.

Ranas

Normalmente en la zona inmediata.

BEAR DICE

¡No te rindas demasiado pronto! Es posible que tengas que cavar 3 o más pies de profundidad para encontrar agua

Cauce seco

En un lugar seco, el mejor lugar para encontrar agua suele ser un lecho de arena seca y arenosa. Los mejores lugares para cavar son los puntos más bajos, la parte de fuera de las curvas y cerca de donde crecen las plantas verdes.

Base de acantilado

El agua se acumula naturalmente en la base de los acantilados y las colinas. Estas reservas de agua son profundas y, a menudo, las últimas en desaparecer porque están protegidas o parcialmente protegidas del sol. Si no se encuentras agua, cava en lugares donde se acumularía después de la lluvia.

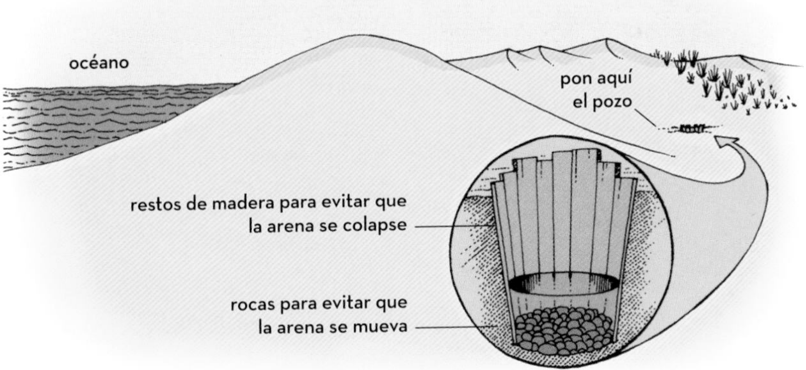

Playa

Un pozo de playa es un hoyo excavado por detrás de la primera duna de arena. Debería tener unos 3 pies de profundidad. El agua subterránea fresca que se filtra hacia el océano se mete en el pozo y flota sobre el agua de mar salada.

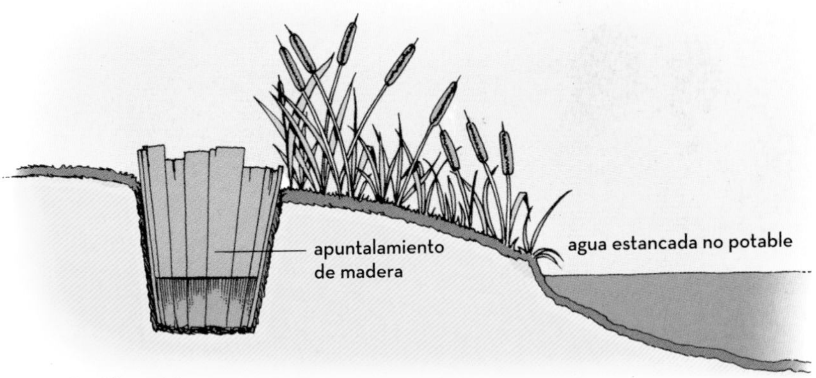

Pozo de filtración

Es posible que encuentres agua estancada y turbia, con mal sabor u olor y de difícil acceso. Si esto sucede, cava un pozo a unos 30 pies del agua. El agua que entra en el pozo estará filtrada y será potable.

AGUA EN LAS PLANTAS

Si no consigues encontrar agua en tu entorno, busca plantas de las que puedes sacar líquidos para beber.

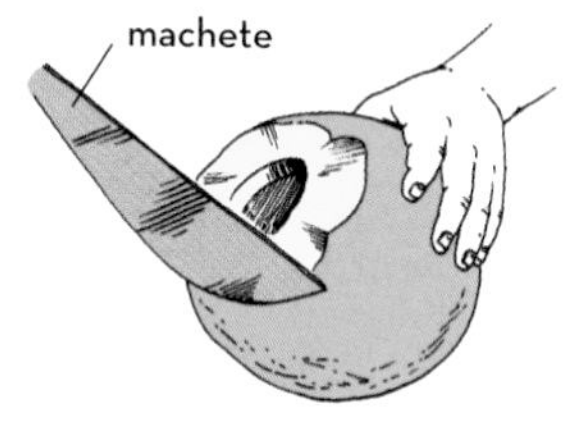

Coco maduro

Clava una estaca afilada en el suelo y rompe la cáscara del coco. Haz un agujero en el "ojo" blando de la cáscara para acceder al líquido.

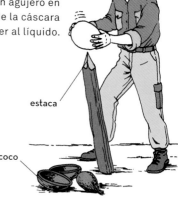

Coco verde

Abre un coco verde con un cuchillo afilado para acceder al agua. Bebe el agua de coco con moderación porque es un laxante natural.

estaca

cáscaras de coco

Banano

Corta el tronco de un banano a unas 4 pulgadas del suelo. Luego, vacía el interior del tronco para hacer un tazón. El agua de las raíces se almacenará en el tazón. Vacía el agua del tazón tres veces antes de beberla, ya que al principio será amarga.

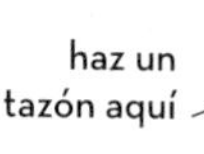

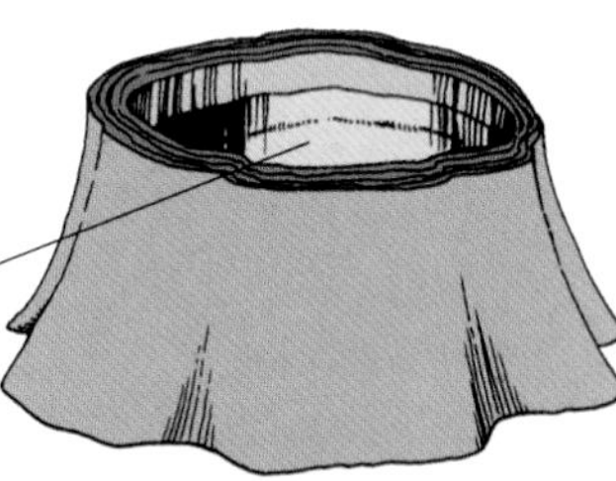

Bambú verde

El bambú verde puede proporcionar agua dulce, incluso en la estación seca tropical. Para recoger agua de un tallo joven, dóblalo, amárralo para que no se enderezca y corta la parte superior. El agua goteará por del corte. Recógela en un contenedor.

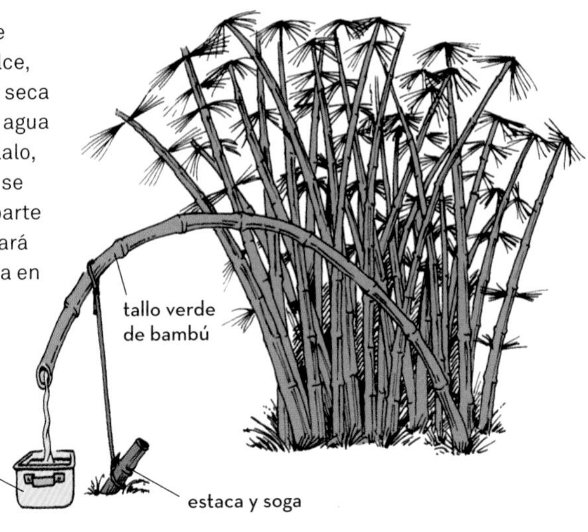

Bambú grande

Con los tallos más grandes de bambú verde solo tienes que hacer un agujero cerca de la base de cada uno y recolectar el agua.

Agua de una vid

Corta una vid por arriba. Después, córtala por completo cerca del suelo. El líquido saldrá por abajo. No bebas la savia blanca o el líquido lechoso que sale al cortarla. Deshazte del líquido que tiene un sabor agrio o amargo.

Transpiración

Este es uno de los métodos más eficientes y fáciles de conseguir agua en una zona árida. Ata una bolsa de plástico alrededor de la rama frondosa de un árbol o un arbusto de tamaño mediano y coloca un recipiente debajo. Después de unas pocas horas al sol, tendrás un poco de agua limpia y potable.

Encontrar agua limpia y potable debe ser tu máxima prioridad. Puedes sobrevivir tres semanas sin comer, pero solo tres días sin agua, así que encuéntrala rápido.

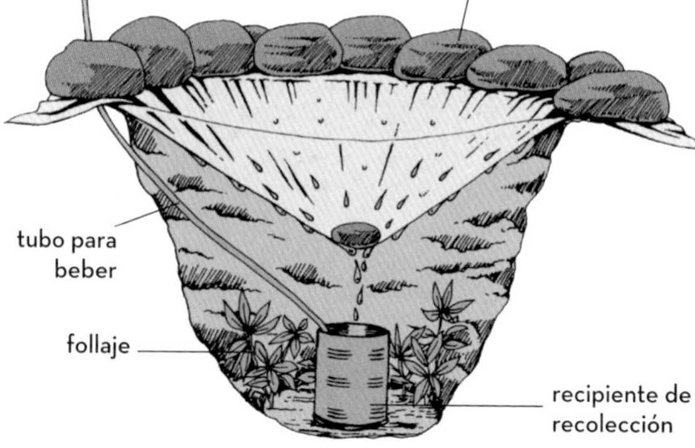

Destilación solar

Este sistema extrae agua del suelo y de cualquier planta que crezca o se meta en un agujero. La humedad se evapora, se eleva y luego se condensa en la parte inferior de la barrera de plástico que hay por encima. Despúes gotea en el recipiente de recolección que hay debajo.

Agua de esquejes

Recoge suficientes hojas y ramas verdes para llenar una bolsa de plástico sin que toquen los lados. Levanta el centro de la bolsa como si fuera una tienda de campaña. Coloca la bolsa en una pendiente ligera para que la condensación baje hasta el lugar de recolección.

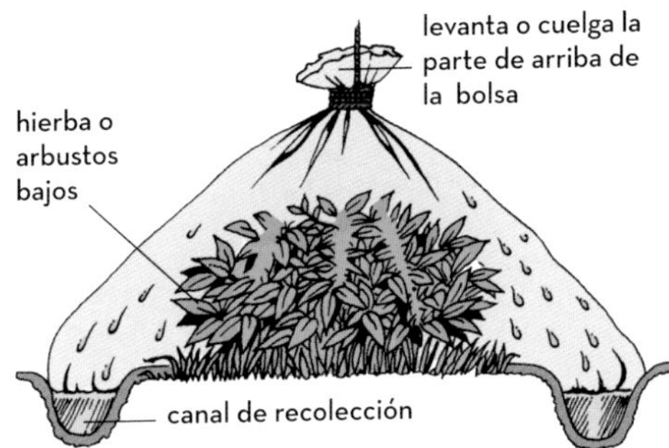

Transpiración de tierra

Esta técnica funciona igual que la bolsa de transpiración, pero se hace con plantas que crecen cerca del suelo. En lugar de una bolsa de plástico puedes usar la funda de tu tienda de campaña.

Cactus

Los cactus son un recurso valioso de supervivencia en muchos desiertos. Los frutos del nopal y de otras especies son comestibles. La carne de muchos cactus contienen gran cantidad de agua que se puede recoger con alambiques solares o bolsas de transpiración. En algunas zonas los cactus están protegidos y solo se debe recurrir a ellos en caso de emergencia.

PURIFICAR AGUA

En la naturaleza, el agua puede parecer pura y cristalina y no serlo. Por suerte, hacer que el agua sea potable es relativamente fácil siempre y cuando tengas el equipo y los conocimientos necesarios.

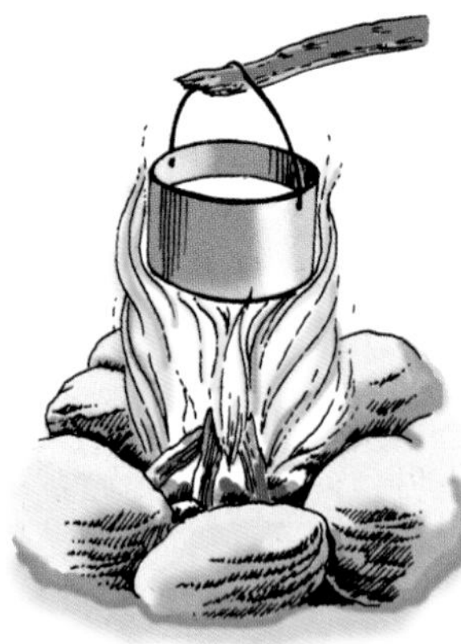

recipiente de ebullición

recipiente de condensación

Destilación

Este método es más complicado que la ebullición, pero permite convertir el agua con muchos sedimentos en agua potable. También se puede usar para destilar agua del mar o la orina.

Ebullición

Este proceso mata a casi todos los organismos que causan enfermedades. Hierve el agua durante al menos un minuto, después déjala enfriar.

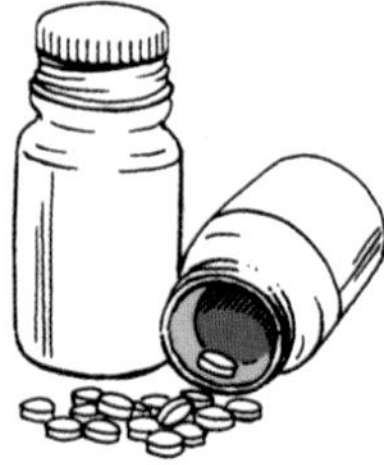

Químicos

Puedes tratar el agua con yodo, permanganato de potasio y cloro. Toma tiempo y el agua puede tener un sabor un poco extraño.

Solar

Pon agua sospechosa en botellas de plástico transparentes y exponlas a la luz solar directa durante al menos seis horas (o dos días si está muy nublado).

Filtros

La filtración exhaustiva del agua elimina las partículas y muchos microorganismos que causan enfermedades, pero conviene hervirla antes de beberla.

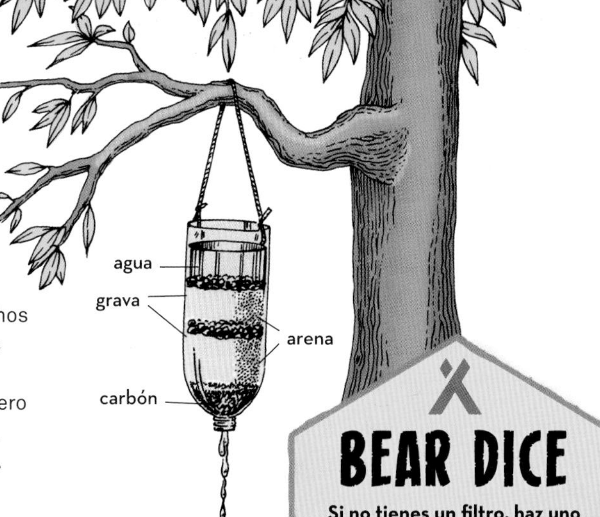

BEAR DICE

Si no tienes un filtro, haz uno con una botella de plástico, grava, arena y carbón. El carbón ayuda a filtrar las pequeñas impurezas del agua.

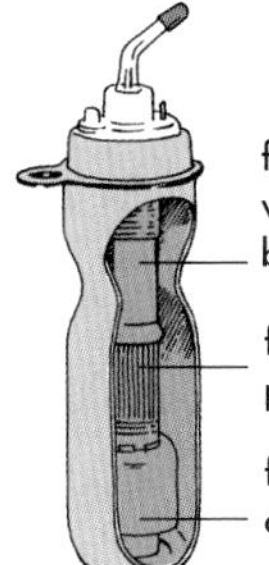

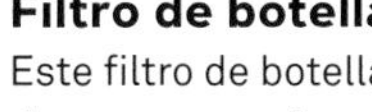

Filtro de botella

Este filtro de botella tiene un cartucho que hay que reemplazar después de unos 150 usos. Simplemente apriétalo para que salga el agua.

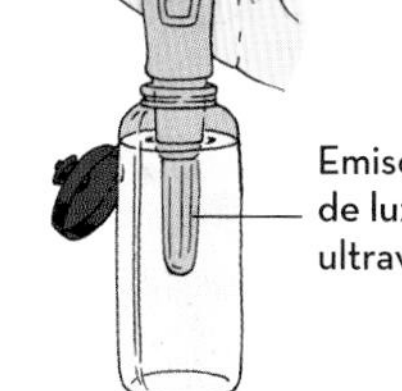

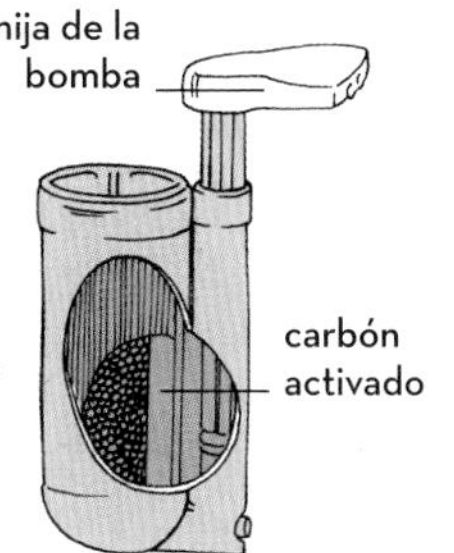

Bomba de filtración

Hay muchos sistemas de bombas de filtración para excursionistas. Cada golpe de la bomba hace que el agua pase por el filtro y se purifique.

Ultravioleta

Este dispositivo a pilas esteriliza 33 oz. de agua en 90 segundos con luz ultravioleta. Se debe usar agua limpia para que la esterilización funcione bien.

COMER PLANTAS

Estás atrapado en medio de la naturaleza y tienes suficiente agua potable. Ahora tu prioridad es encontrar comida y refugio. Algunas plantas son comestibles y nutritivas, pero hay que saber reconocerlas.

Prueba de comestibilidad

1 Machaca y huele una muestra de la planta. Deséchala si tiene un olor fuerte, a ácido o a almendras.

2 Machaca y frota la muestra de la planta en la parte de dentro de tu codo. Espera 15 minutos y deséchala si produce irritación.

3 Ponte una pequeña cantidad en los labios. Deséchala si produce irritación.

4 Ponte una pequeña cantidad en la lengua. Recházala si sabe mal o produce irritación.

5 Mastica una pequeña cantidad durante varios minutos, pero no la tragues. Escúpela si produce irritación.

6 Si la muestra pasa todas las pruebas, come un poco y espera unas horas por si tuvieras cualquier reacción adversa.

BEAR DICE

Golpea un trozo de bambú y escucha el sonido que hace. El sonido es más denso en las secciones que tienen agua.

Separar

Separa la planta en sus componentes básicos y pruébalos por separado.

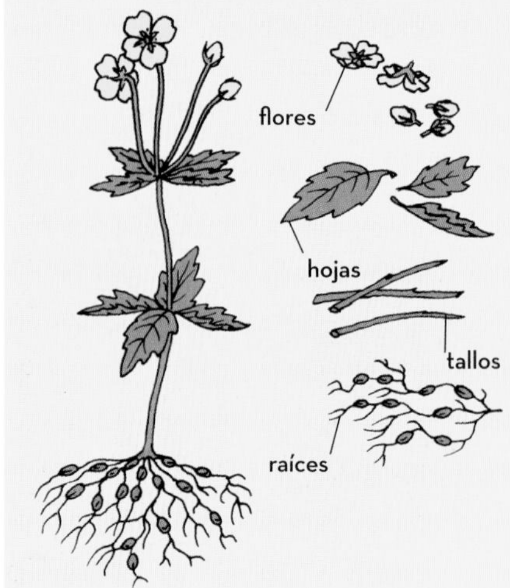

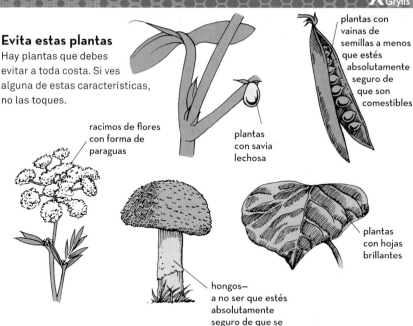

Evita estas plantas

Hay plantas que debes evitar a toda costa. Si ves alguna de estas características, no las toques.

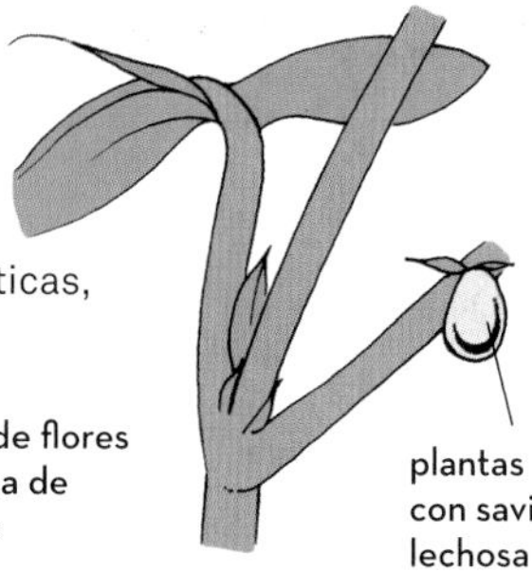

plantas con vainas de semillas a menos que estés absolutamente seguro de que son comestibles

racimos de flores con forma de paraguas

plantas con savia lechosa

plantas con hojas brillantes

hongos—a no ser que estés absolutamente seguro de que se pueden comer

¿Qué plantas se pueden comen?

Casi todos los alimentos que consumen los primates y los pájaros también los pueden consumir las personas, aunque no es una garantía y siempre debes hacer la prueba de que son comibles. Muchas bayas se pueden comer, pero hazlo solo si estás seguro de que son comestibles.

CAZAR ANIMALES PEQUEÑOS

En una situación de supervivencia, consumir carne te da más energía que comer solo plantas. Los animales grandes pueden ser difíciles y peligrosos de cazar, pero sus parientes más pequeños son más fáciles de llevarlos a tu plato.

Armas de mano

Estas herramientas se usan tradicionalmente para atrapar animales pequeños.

BEAR DICE

Los insectos, los lagartos y las serpientes son buenas fuentes de proteínas. Recupera fuerzas con estas fuentes de energía.

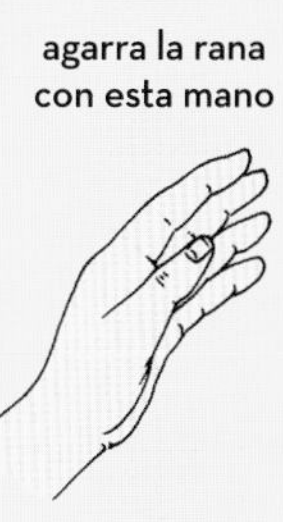
agarra la rana
con esta mano

deja esta
mano en esta
posición

Atrapa una rana

Pon una mano delante de una rana, a un pie y medio y mueve los dedos lentamente. Esto llamará la atención de la rana. Atrápala por detrás con la otra mano.

Atrapa un lagarto

Agita suavemente un alambre con un nudo corredizo delante del lagarto. Acerca el alambre poco a poco hasta que puedas atrapar al lagarto.

palo

palo bifurcado

Atrapa una serpiente

Todas las serpientes se pueden comer. Para atrapar una serpiente, primero golpéala con una roca o un palo. Sujeta la cabeza hacia abajo con un palo bifurcado y mátala con un cuchillo, una roca u otro palo. Corta la cabeza y entiérrala si hay alguna posibilidad de que sea una especie venenosa.

Trampas

Estas trampas se usan para atrapar algunos animales y suelen tener alambre o cuerda.

Trampa de lazo simple

Haz una trampa del tamaño de tu puño para cazar animales pequeños, como conejos. Pon unas 15 trampas por cada animal que esperas atrapar.

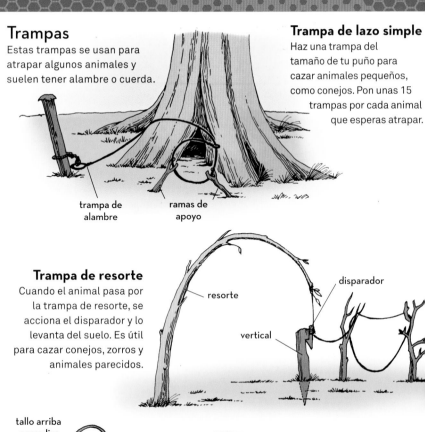

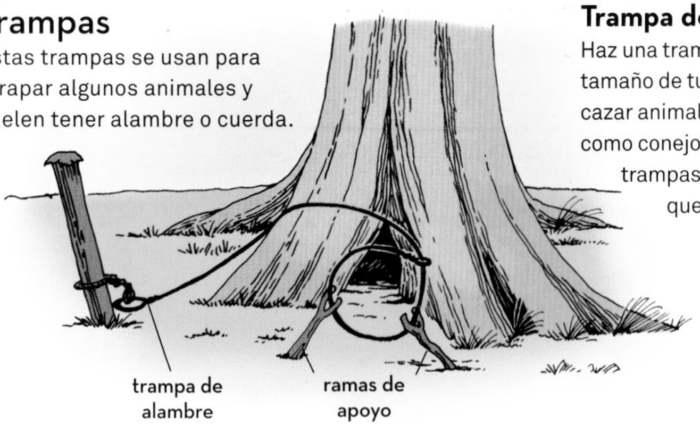

trampa de alambre

ramas de apoyo

Trampa de resorte

Cuando el animal pasa por la trampa de resorte, se acciona el disparador y lo levanta del suelo. Es útil para cazar conejos, zorros y animales parecidos.

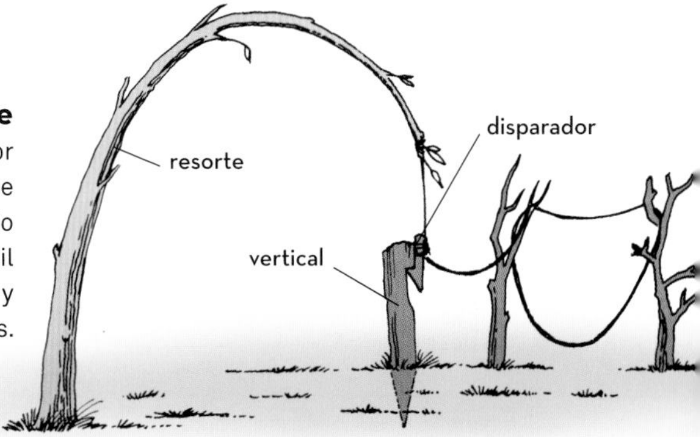

resorte

disparador

vertical

Palo de ardillas

Es un palo largo apoyado contra un árbol. Pon varios nudos corredizos en la parte de arriba y en los lados para que si una ardilla sube o baja, tenga que pasar por alguno.

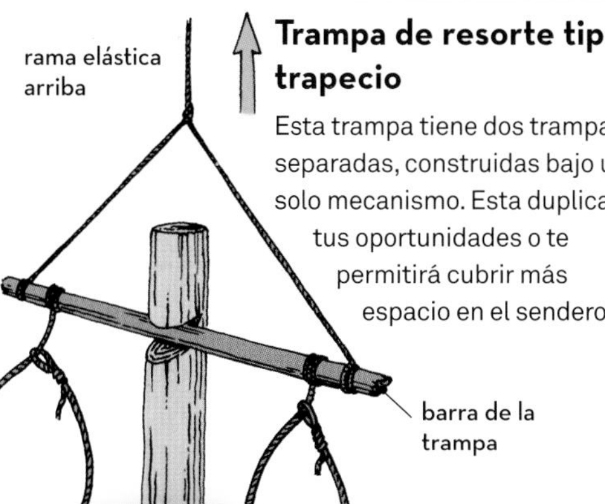

Trampa de resorte tipo trapecio

Esta trampa tiene dos trampas separadas, construidas bajo un solo mecanismo. Esta duplicará tus oportunidades o te permitirá cubrir más espacio en el sendero.

BEAR DICE

Por experiencia, cuantas más trampas pongas, mayor será la probabilidad de cazar tu cena.

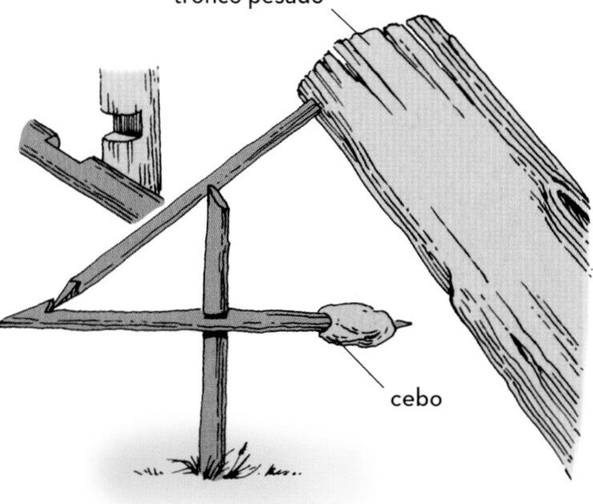

Trampa mortal en 4

Esta trampa se puede hacer de cualquier tamaño. La barra horizontal con el cebo está en ángulo recto con la barra de bloqueo, que soporta una roca u otro peso pesado.

tronco pesado

barra de retención

cuerda para tropezarse

Trampa mortal

Es fácil construir una trampa mortal lo suficientemente grande como para matar a un cerdo o un venado. Asegúrate de que todos sepan exactamente dónde la has puesto, ya que también podría matar a una persona.

INVERTEBRADOS COMESTIBLES

Los insectos, moluscos y arácnidos se encuentran en grandes cantidades y son muy nutritivos. Si tu vida está en juego, deja tus gustos a un lado y añade alguno de estos animales a tu dieta.

Gusanos

Pocas fuentes de proteínas son mejores que los gusanos. Mételos en agua potable y ellos mismos se lavarán de forma natural. Si prefieres, sécalos, machácalos y añádelos a la sopa.

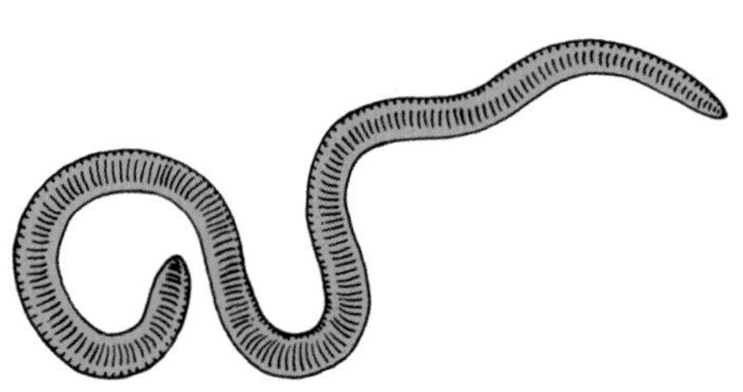

Caracoles

Deja a los caracoles sin comida durante unos días para que expulsen las plantas venenosas que puedan haber comido. Hiérvelos tres minutos, después cuélalos, lávalos en agua fría y quita el caparazón. No comas especies que tengan caparazones de colores brillantes.

Arañas

Las arañas son buenas fuentes de proteínas. Cómete el cuerpo, pero deja la cabeza porque podría tener veneno. Si atrapas una tarántula, fríela. En algunos lugares del sudeste de Asia se consideran un manjar.

Babosas

Tres o cuatro babosas grandes equivalen a una buena comida. Se pueden comer crudas, pero son más apetitosas cocinadas. Prepáralas y cocínalas igual que los caracoles.

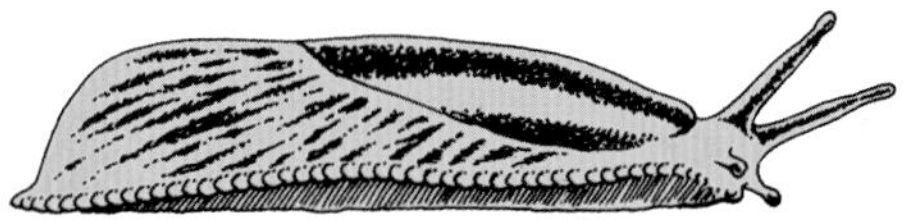

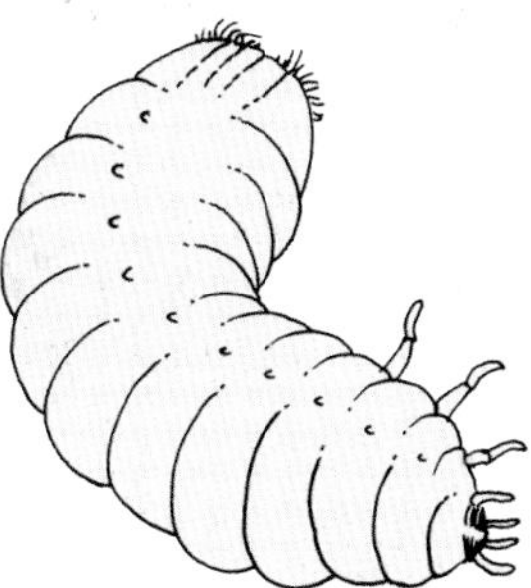

Larvas

Las larvas de los insectos son alimentos primordiales en la naturaleza. Suelen estar en lugares fríos y húmedos, así que mira en los troncos podridos, bajo la corteza de árboles muertos, bajo las rocas y en el suelo. Los gusanos se pueden comer crudos.

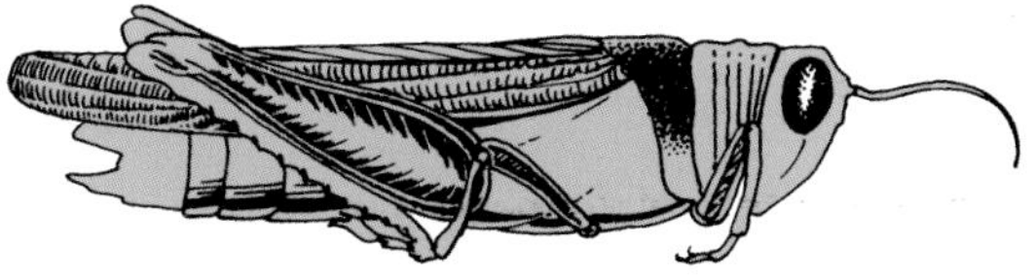

Saltamontes

En algunos sitios estos insectos son una gran fuente de comida. Atrápalos al vuelo con un trozo de tela o con una rama con hojas. Quita las alas, antenas y patas antes de comerlos. Es mejor asarlos por si tienen parásitos.

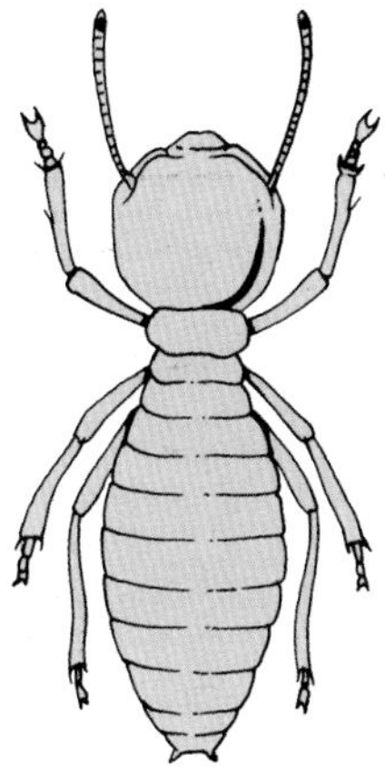

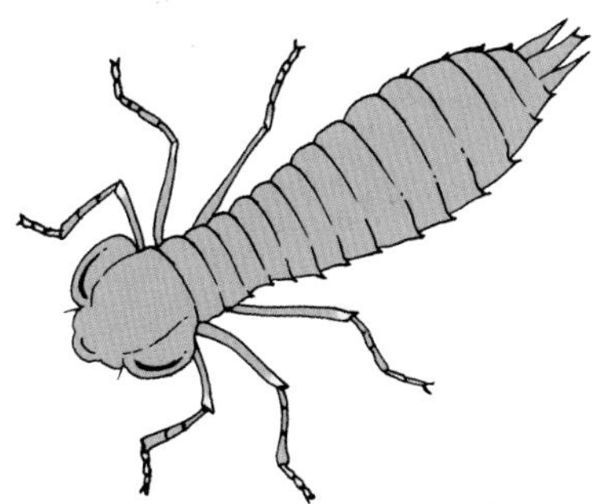

Insectos acuáticos

Casi todos los insectos acuáticos se pueden comer tanto en forma de larva o adulto. Usa una tela a modo de red para sacarlos del agua dulce de ríos y pantanos.

Termitas

En las zonas calurosas del mundo hay grandes cantidades de termitas y se pueden sacar fácilmente de sus nidos. Quita las alas de las especies grandes antes de comerlas. Se pueden cocinar, pero crudas son más nutrititvas.

REFUGIOS DE EMERGENCIA

Con frío o calor, humedad o sequía, es fundamental tener un buen refugio para estar seguro. Cada lugar requiere un tipo diferente de refugio. Usa los recursos naturales que tengas a mano para cubrir tus necesidades.

Refugio para el desierto
Cava un hoyo y cúbrelo con dos lonas, una encima de la otra.

Refugio natural
Una cama de hojas, un cobertizo hecho con ramas y una hoguera te mantendrán seco y caliente.

Cama de ramas
Pon filas superpuestas de ramas de árboles de hoja perenne. Esta cama es cómoda y te aisla del agua de la lluvia que puede depositarse en el suelo.

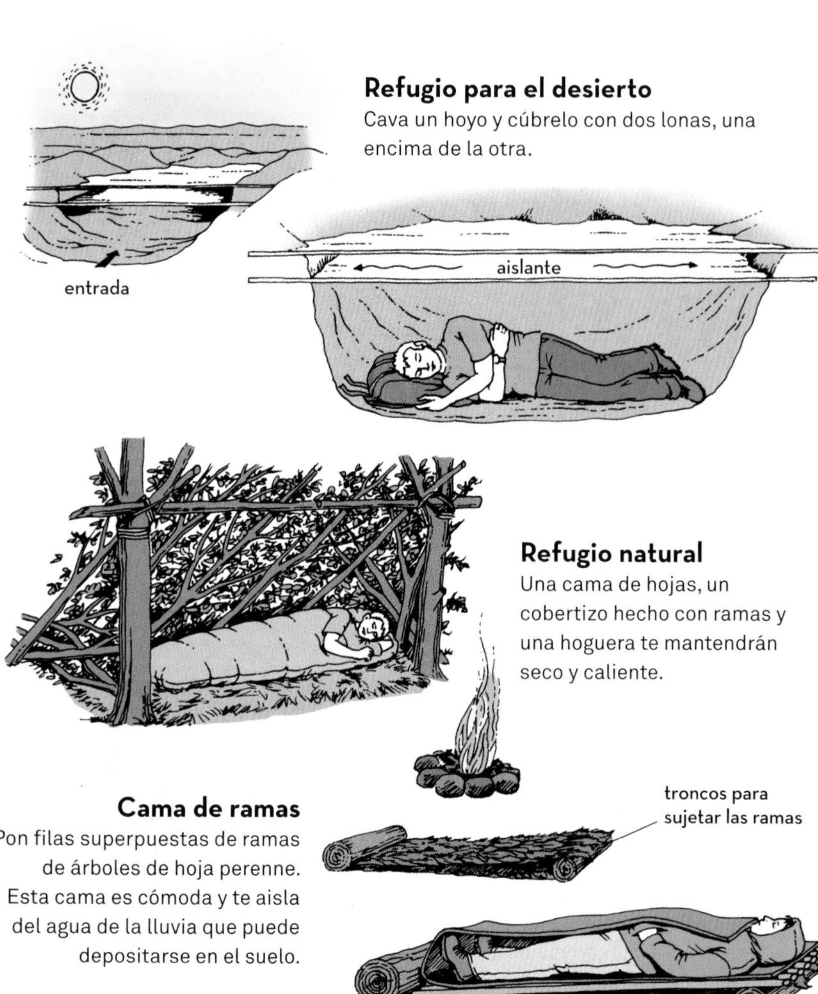

Refugio con árbol caído

Con un árbol caído puedes hacer un refugio rápidamente. Quita las ramas que hay por debajo y cúbrelo por encima con una lona.

comprueba que la parte quebrada es fuerte para resistir toda la noche

amarra las partes de arribar

Refugio con árboles jóvenes

Si encuentras varios árboles jóvenes, despeja el terreno entre ellos, quita las ramas de los troncos y amárralos por la parte de arriba. Cubre todo con una lona o mete ramas entre los árboles para hacer el techo.

sujeta el "techo" con más ramas

pon pesos para sujetar la lona

BEAR DICE

Estos refugios te pueden salvar la vida en situaciones desesperadas y condiciones metereológicas malas.

Refugio de nieve entre árboles

En los bosques donde ha caído nieve pesada, busca huecos profundos bajo las ramas de los árboles de hoja perenne. Excava más espacio si es necesario, y cubre el suelo con ramas.

ÍNDICE

First American Spanish Language Edition 2019
Kane Miller, A Division of EDC Publishing

Conceived by Weldon Owen in partnership with Bear Grylls Ventures
Produced by Weldon Owen Ltd., Suite 3.08 The Plaza, 535 King's Road, London SW10 0SZ, UK

Spanish translation by Ana Galán
First published in the US in English in 2017 under the title *Bear Grylls Survival Skills Handbook Volume 1*.

For information contact:
Kane Miller, A Division of EDC Publishing
PO Box 470663
Tulsa, OK 74147-0663
www.kanemiller.com
www.edcpub.com
www.usbornebooksandmore.com

Library of Congress Control Number: 2018965105
Printed in Malaysia
1 2 3 4 5 6 7 8 9 10
ISBN: 978-1-61067-959-6

Chicos, si quieren intentar alguna de las actividades que salen en este libro, ¡por favor, pregunten antes a sus padres! Padres, todas las actividades al aire libre conllevan ciertos riesgos y recomendamos a quien participe en estas actividades que sea consciente de los riesgos que toman y pidan ayuda a un profesional. Ninguna información médica o respecto a la salud incluidas en este libro pretenden ser una alternativa a los cuidados médicos profesionales; escucha siempre la opinión de un profesional cualificado.